Caroline Arni
Lauter Frauen

Caroline Arni

Lauter Frauen

Zwölf historische Porträts
Mit Zeichnungen von Karoline Schreiber

Echtzeit Verlag

Seite 7   Grossmutter

Seite 19   **Katharina von Zimmern** war 13 Jahre alt, als ihr Vater sie ins Damenstift der Fraumünsterabtei gab. So war es für Frauen ihres Standes üblich, wenn die Mittel nicht für eine respektable Mitgift reichten. Mit 18 Jahren wurde sie Äbtissin, mit 47 übergab sie die Abtei der Stadt und fing ein neues Leben an. Oder führte sie eines fort, das längst begonnen hatte?

Seite 33   **Julie Bondeli** wuchs in einer aufklärerisch gesinnten Patrizierfamilie auf und genoss eine gründliche Ausbildung in Sprachen, Mathematik und Philosophie. Durch Lektüren bildete sie sich weiter: Ästhetik, Kunst, Ökonomie, Philosophie. Sie wollte nie heiraten, schon gar nicht Mutter werden und lebte mit Frauen. Zuerst mit ihrer Mutter und ihrer Schwester. Dann mit ihrer innigsten Freundin.

Seite 49   **Anna Göldi** stand im Dienst eines Hauses, wie bis weit ins 19. Jahrhundert die meisten, die für Lohn arbeiteten. Ohne Magd kam kaum ein Haushalt aus. Im Kanton Glarus wurde sie verdächtigt: sie habe die Tochter des Hauses krank gemacht. Als wäre sie mächtiger gewesen als die, die sie im ganzen Land suchen liessen.

Seite 63   **Pauline Buisson** wurde als Sklavin in der französischen Kolonie Saint-Domingue, dem späteren Haiti geboren. Sie lebte ein halbes Jahrhundert lang in einer Villa in Yverdon, erbaut von zwei Brüdern aus dem Geschlecht der de Treytorrens. Die Kinder des Städtchens hörten sie singen und rundherum kam es zu Revolutionen: in der Karibik, in Frankreich, in der Eidgenossenschaft.

4

Seite 79   **Germaine de Staël**, geborene Necker, versammelte im väterlichen Schloss am Genfersee die liberal gesinnte Intelligenz Europas. Für solche wie sie wurde später das Wort «Intellektuelle» erfunden. Sie sah voraus, dass es den Frauen in den Republiken nicht besser ergehen würde als in den Monarchien.

Seite 93   **Emma Herwegh**, geborene Siegmund, floh aus bürgerlicher Behaglichkeit in die Ehe mit dem Revolutionsdichter Georg Herwegh. Grosse Teile ihres Lebens verbrachte sie im Exil: Zürich, Paris, Genua, wieder Zürich. Um ihre Familie über Wasser zu halten, arbeitete sie als Übersetzerin. Auf keinen Fall wollte sie eine schreibende Frau sein.

Seite 107   **Emilie Kempin-Spyri** studierte Jura, doch weil sie als Frau keine politischen Rechte hatte, liess der Kanton Zürich sie nicht als Anwältin zu. Vergeblich klagte sie beim Bundesgericht Rechtsgleichheit ein. Eines Tages verlor sie den Glauben an die gesellschaftsverändernde Kraft des Rechts und schrieb Briefe, die nirgendwohin gelangten.

Seite 121   **Catherine Colomb**, geborene Marie-Louise Colomb, verheiratete Marie Reymond, verkörperte mühelos das Ideal der gutbürgerlichen Gattin, Mutter und Hausfrau. Als Schriftstellerin aber lotete sie jeden Abgrund ihrer Gesellschaft aus – die Väterherrschaft, die Kluft zwischen Arm und Reich, den Zerfall der gewohnten Weisen des Wirtschaftens.

Seite 137   **Goldy Parin-Matthèy** kam widerwillig in die Schweiz. Aber hier hatte sie Heimatrecht und in Europa war Krieg. Sie wurde Psychoanalytikerin und reiste nach Westafrika. Es galt zu begreifen, warum so viel Unheil von Europa ausgegangen war und wie man die Europäer zu glücklicheren und freieren Menschen machen könnte, die nicht die Welt verwüsten.

Seite 153   **Meret Oppenheim** schuf als junge Frau etwas beiläufig ein Kunstwerk mit dem Spitznamen «Pelztasse». Es wurde schlagartig berühmt. Ihren Namen jedoch verband man lange mit Fotografien von Man Ray, der sie als Muse darstellte. Sie aber war Künstlerin und entwarf auch Brunnen.

Seite 163   **Iris von Roten**, geborene Meyer, schrieb ein Buch, wie es vorher und nachher keines gab in der Schweiz: eine gesellschaftskritische Totalanalyse der Entrechtung der Frauen in diesem Land. Mit einem Mann, Peter von Roten, teilte sie ihre Idee von der Freiheit. Doch die war nicht frei von Spuren der Geschichte.

Seite 175   Über dieses Buch
Seite 179   Literatur und Quellen

Hedwig Howald
(1910–1998)

8

Hedwig Howald

Grossmutter

Farben hat sie immer geliebt. Auch der Vogel war farbig. Als Jugendliche hat sie so gut gezeichnet, dass die Lehrerin sie auf eine Kunsthochschule schicken wollte, von München war die Rede. Nichts hätte weiter entfernt sein können: München von Biberist, eine Hochschule von der Verkäuferinnenlehre, Kunst von der Heirat. So blieb es bei der Vogelzeichnung, aufbewahrt im kleinsten der drei Zimmer ihrer Wohnung, in dem wir Kinder spielten, mit den farbigen Flöhen, den abgewetzten Holztieren, den Puppen, keine war ganz. Den Vogel hast du mir oft gezeigt oder vielleicht nur einmal. Als ich noch klein war, meinte ich, hinter dem Jura, der an seinem Südfuss die Sicht begrenzt und dem Blick Halt gibt, liege die Welt. München vielleicht. Oder was ich am weitesten weg glaubte: China. Nachts malte ich mir aus, wie ich zuoberst auf dem Berg stehe und Flügel ausbreite.

Es gab nur wenige Farbstifte in ihrer Wohnung und ich habe sie nie zeichnen sehen. Die Farben haben sich in ihren Kleidern versammelt, die leuchtenden für den Sommer, das Orange, das Gelb, das Rot. Sie standen dir gut zur dunklen Haut. Wie oft wurde mir erzählt, dass deine Mutter den Kinderwagen mit einem Tuch zudeckte, als du 1910 geboren wurdest, damit es kein Gerede gab und die Leute nicht auf Gedanken kamen. Im Dorf hatte sich schon vor einem halben Jahrhundert zwischen Bauernhäusern eine Papierfabrik breitgemacht, aus der Emme wurde ein schnurgerader Seitenast abgezweigt. Nun war Biberist ein Papierland, zog Arbeitskräfte an und liess die Ansässigen bleiben. Dein Bruder sollte sein Leben lang in der Fabrik arbeiten, auch seine Haut fiel auf. Zeichen des Fremden im Dorf unter dem Schornstein, auch der Armut? Das Hochzeitskleid deiner Mutter war schwarz, wie es Brauch war, damit ein gutes Kleid für Beerdigungen bereitlag. Es wurde natürlich trotzdem geredet und so habt ihr euch eine Erklärung zurechtgelegt. Einen Mythos zum jederzeitigen Gebrauch. Wir kommen von woanders, aus einem anderen Land, der Name beginnt mit T (oder mit H?). Wenn ich nicht lockerliess, sagtest du: Ich glaube, es war Tahiti (oder Hawaii?). So exotisch und so unerklärlich, dass keine Vorwürfe zu fürchten waren und niemandem einfiel, was naheliegender sein könnte. Im Spiegel habe ich vergeblich nach Spuren gesucht. Eine Augenform, von der ich mir vorstellte, dass man an ihr die Menschen aus Tahiti erkennt.

Du bist dann doch in die Stadt gegangen. Nicht nach München, aber nach Solothurn. Ein kleiner Fussmarsch von deinem Dorf entfernt, der Weg führt dem Wald entlang über eine Anhöhe, die den Blick auf die Stadt und ihren Fluss freigibt. Im Laden am Marktplatz hattest du Geschirr zu verkaufen und Schmuck. Mitten in der Stadt warst du angekommen. Ich habe von dir gelernt, wie man feine Ketten entwirrt. Man hält sie zwischen zwei Fingern, locker, und schüttelt sachte, legt die andere Hand drunter. Auf keinen Fall zerren. Auch was zu tun ist, wenn etwas verloren geht: Man besucht die Kapelle des heiligen Antonius, Schutzpatron der verlorenen Dinge und der Reisenden. Deine Konfession hattest du ablegen müssen, um in der Kirche einen Protestanten heiraten zu können. Aber wer hätte dir verbieten können, die Güte der Heiligen in Anspruch zu nehmen. Keiner unserer Koffer war je ganz leer, in jedem lag ein Antonius aus Papier. Lauter Dinge, die mir oft erklärt wurden und Geheimnis blieben.

Regelmässig schlief ich bei dir, unter kühlen Laken aus Baumwolle oder warmen aus Barchent, darüber hohe Federdecken. Wenn du die Schlafzimmertür hinter dir zuzogst, gab sie den Blick auf ihr Dahinter frei. Der Winkel zwischen Tür und Wand, der verlorene Platz, das schmale Wandstück, mit dem nichts anzufangen ist. Fiel noch Licht ins Zimmer, so sah ich sie dort hängen. Eine Maske aus Porzellan, weiss, ein Frauengesicht, unwirklich klein, ein Lächeln auf den Lippen. In meiner Erinnerung habe ich dich immer wieder gefragt, wer sie sei. Vielleicht war es nur einmal und alle andern Male habe ich mir deine Antwort in Erinnerung gerufen. Die tote Unbekannte aus der Seine, hast du gesagt. *L'inconnue de la Seine* heisst sie in der Literatur, auch *la belle noyée,* seltener *la belle italienne.* Das *tot* hast du hinzugefügt. Unbekannt und tot. Der Zusatz wäre nicht nötig gewesen. Dass sie aus der Seine kommt, sagt alles. Aus dem Wasser kommen die Wasserwesen und die Toten. Aber du hast sie so genannt: die tote Unbekannte aus der Seine.

Ihr Totsein machte mir, die sich fürchtete vor Geistern und Friedhöfen und der Dunkelheit, die am liebsten in der Mitte einschlief, zwischen Grossmutter und Schwester, oder zum Geräusch von Bügeleisen oder Schreibmaschine der Mutter, nie in der Stille und immer mit etwas Licht, ihr Totsein machte mir keine Angst. Heute hängt sie über meinem Schreibtisch, hat die Augen geschlossen und den Mund, lächelt. Die Haare fallen nicht, sie liegen weich über den Ohren, gleiten den Schläfen entlang. So sieht keine Tote aus, sagen die Gipsgiesser. Keine Ertrunkene, sagen die Pathologen. Nein, so wie sie sieht eine aus, die geniesst. Nicht wie eine, die ertrinkt. Wie eine, durch deren Herz der Fluss zieht, ungerührt von allem, was er mit sich führt.

Oft bin ich unter ihren geschlossenen Augen eingeschlafen. Zu dieser Zeit hing sie längst in vielen Wohnungen; die Schriftsteller hatten sie als Wiedergängerin bekannt gemacht.

11

Bei Rilke ist sie eine Ertränkte, Nabokov malt sich aus, wie sie verlassen wurde. Jeder erzählt sich über sie seine Geschichte. Das sitzen gelassene Mädchen, die Selbstmörderin aus Kummer, das schwindsüchtige Aktmodell. Stürzt sich in den Fluss, fällt, wird gestossen. Oder war alles anders? Keine Unbekannte, die aufgefallen war im Pariser Leichenschauhaus? Von der man eine Totenmaske hatte anfertigen lassen, weil sie schön war und jung, und der Tod beides mehr zur Erscheinung bringt, als das Leben es je könnte? Stattdessen eine quicklebendige Fabrikantentochter, die Modell gestanden hat für die Illusion einer schönen und jungen Toten? Fast alles lässt sich behaupten, mutmassen, vorstellen. Als sicher gilt nur, dass die ursprüngliche Form nicht später als 1867 angefertigt worden ist.

Seither gibt es nicht nur Totenmasken mit Namen (Friedrich Schiller, Ludwig van Beethoven, Heinrich Heine), sondern auch die einer Unbekannten aus der Seine. Zum Gebrauch einer Kunst, die Frauen unbewegt, ihre Augen geschlossen, ihre Stimme stumm will. Ertränkt in Bildern, die sich andere von ihr machen, ein Gefüge aus Projektionen, Sehnsüchten, Phantasmen. Jeder kann ihr eine Geschichte andichten, die nie sie macht. Fällt, wird gestossen, stürzt sich aus Kummer über einen Mann. Steht Modell, gibt sich hin, bietet sich dar. Nicht sie begehrt, und wenn doch, dann falsch und irregeführt. Kein Wunder kehrt sie als Wasserwesen, Undine, Nymphe wieder und zehrt die Leben derjenigen auf, die sie nach ihrer Vorstellung wollen, zieht sie in Wasser und Tod. Vielleicht deshalb reproduziert man sie in hunderttausendfacher Ausführung. Die Frau als Totenmaske, gebannt in Kitsch.

Sie aber hat die Augen geschlossen und der Fluss zieht durch ihr Herz. Ich hatte in ihr ein Gegenüber, nachts, vor dem Einschlafen. Sie konnte ich fragen, woher sie kam, warum sie lächelte, wer ihr ein Leid angetan hatte und welches, ob sie aus dem Wasser gekommen war, bevor sie wieder dahin zurückging. Was der Fluss mit sich führt. Und ob sie sich versteckt, hinter der Maske.

Nein, ihr Totsein machte mir keine Angst. Wie sonst soll man eine Geschichte erzählen können? Das Unverrückbare hat mich angezogen. Warum sie dort hing, habe ich dich nie gefragt. Warum bei dir, warum hinter der Tür. Dir machte der Tod Angst, das Ende, auch das Unglück und die Melancholie, alles Traurige. Um die tiefen, dunklen Wasser hast du einen Bogen gemacht, am liebsten war dir das Ufer. Keine Täler, sondern die Weite des Sees. Nicht Strassen, die enden, sondern solche, die weiterführen.

Du hattest sie aus dem Laden am Marktplatz nach Hause gebracht. Irgendwann war sie aus den Künstlermansarden ausgewandert und angekommen in den kleinbürgerlichen Wohnungen, ein Zimmer für die Eltern, eines für die Kinder und ein gutes mit schweren Möbeln und einer Vitrine, nicht zum täglichen Gebrauch. Woran erinnerte sie dich? Du hast sie aufgehängt, nicht im Wohnzimmer, wo alle sie betrachten können, sondern im Schlafzimmer, wo sie die sehen, die das Gebet sprechen und sich zur Nacht betten. Mir schien immer, es gäbe sie nur für mich, abends, wenn die Tür den Blick freigab. Ich sprach mit ihr und dass sie die Augen geschlossen hielt, hat mich nicht beunruhigt.

Seit dem Altertum werden Totenmasken angefertigt. Mit Wachs oder Gips nimmt man von den Gesichtern die Eigenheiten ab, das Material registriert Lidverläufe und Wangenhöhlen, trocknet. Nur diese erste Form ist ein Abdruck, man nennt sie die verlorene, weil sie nur einmal ausgegossen werden kann. Alles Weitere sind Reproduktionen. Im 19. Jahrhundert kommt dazu das Abbild. Man beginnt damit, tote Angehörige zu fotografieren, Kinder vor allem, aufwendig eingekleidet und aufgerichtet, die Augen geschlossen oder offen. Auf dem Schoss der Mutter, umringt von Puppen, in den Armen der Geschwister. Bleib bei mir.

Man sagt vom Schreiben der Geschichte, es diene der Orientierung. Ein Kompass, ausgerichtet nach Zeitrichtungen. Aus welcher Vergangenheit kommen wir, in welche Gegenwart hat es uns verschlagen, wo liegt die Zukunft. Oder ein Kurvenschreiber. Verzeichnet Geschwindigkeiten, Beschleunigung und wann es langsamer wird. Eine Landkarte: zeigt an, wo sich Ereignisse auftürmen und Stillstand sich ausbreitet. Oder ein Inventar: Was ist übrig geblieben, was dazugekommen. Und die Zeit, heisst es, sei ein Fluss. Reisst mit, lässt liegen. Geradeaus verläuft er nicht, manchmal schlängelt er sich. Aber nie fliesst er rückwärts. Wenn wir ihn betrachten, heisst es, sehen wir uns. Zeitlinge seien wir, bräuchten die Geschichte, um zu wissen, wer wir sind oder wer wir sein könnten, Ankergrund für Was-immer-schon-war oder Reservoir für Was-sein-könnte. Manche sagen auch: Die Geschichte dient zu gar nichts und hat niemandem zu dienen, sie genügt sich selbst.

Bannt sie die Angst vor dem Tod? Auf jeden Fall haben Historikerinnen es mit Toten zu tun. Das Flüstern im Archiv sind die Stimmen der andern Lebenden, die etwas weiter weg sitzen, andere Papiere umblättern, andere Fragen haben. Als ich Kind war, wurde mir jeden Abend in der Dämmerung bang. Etwas zog an meinem Herzen und ich verlor den Halt in der Stunde, die man die blaue nennt, die in Ungewissheit stürzt, nicht Tag, nicht Nacht, nicht hell, nicht dunkel. Man muss lernen, ein Zeitling zu sein: *nicht mehr* Tag, muss es heissen, und *noch nicht* Nacht. So erfährt das Kind: Es gibt ein Vorher und es gibt ein Nachher. Ob es half gegen das bange Gefühl, erinnere ich nicht. Du hast in der Küche mit jeder Zitrone, die du zum Kochen gebraucht hast, deine Handrücken eingerieben. Damit sie jung bleiben, frei von den Flecken, die sich nicht mehr abwaschen lassen. Dass du gerne lebst, hast du oft gesagt. Das Lächeln der toten Unbekannten aus der Seine muss dir gefallen haben. Und woher sie kam. Im Grenzdorf im Jura, wo du das Haushalten gelernt hast, zeigte ein Wegweiser westwärts. *Verrières Suisse, Verrières France,* höre ich dich heute noch sagen. Eine Formel oder ein Vers? Sicher ein Singsang. Hinauf mit der Stimme und hinunter, hin und her, wie eine Schaukel über grünem Gras. Ein Wegweiser stand dort, zeigte westwärts, trug den Namen «Paris». Hast du auch gehadert?

Ihr hattet nur ein Kind und du hättest doch mehr haben wollen und vor allem einen Sohn. Aber deinem Mann sollte die Tochter genug sein, und an ihrem vierzehnten Tag brach der Krieg aus. Als er zu Ende ging, war sie sechs Jahre alt. Während des Kriegs hattest du für die Ausgabe von Lebensmittelkarten gearbeitet, als Kind hörte ich deinen Erzählungen zu und sah dich vor mir. Dein Lächeln strahlt, stolz. Wie die Karten sich angefühlt haben mussten, stellte ich mir vor, festes Papier in freundlichen Farben. Die Marken vorgestanzt, zuerst für Zucker und Reis, dann auch für anderes, für immer mehr. So erschienen mir eure Kriegstage licht und hell, als wäre ihnen die Angst äusserlich geblieben, von der ja auch die Rede war. Als hätten sich in jedem Moment die Elemente getrennt, das Schwere sank nach unten, das Leichte obenauf. Die Karten ein Wechselgeld für Blicke und Worte. Eine Handreichung, ein Lächeln. Fast wie die Arbeit im Laden am Marktplatz, die dir so gefallen hatte, vor der Heirat.

Wie lang wurden die Tage danach? Ein Kind, ein kleiner Haushalt und ein Gesetz, das sagt: Die Ehefrau ist befugt, einen Beruf oder ein Gewerbe auszuüben, aber der Ehemann kann es ihr verbieten.

Mit dem Notwendigen nur war dein Ehemann aufgewachsen, mit zu vielen Geschwistern in zu kleinen Räumen. Doch bald sollte er Dienstreisen in europäische Hauptstädte machen, mein Grossvater, und nun lacht ihr vor Gaststätten, auf Fotografien, reist nach Ascona in die Ferien, jedes Jahr einmal. Filmaufnahmen zeigen euch mit Brüdern und Schwestern, Tochter und Neffen am Lido, beim Souvenirkauf in den Gassen, die Füsse im See, auf der Isola di Brissago inmitten von Blumen, Seerosen, Hortensien, Kamelien, vergnügt im Autostau vor der Grenze, überall stumm, immer lächelnd. Auch Ausflüge nach Italien habt ihr gemacht, weiter als nur über die Grenze. Dahin, wo es zu wenig Arbeit für Lohn gab. Auf Dorfplätzen teilte mein Grossvater die Adresse der Fabrik aus, für die er längst nicht mehr als Mechaniker, sondern als Betriebsleiter arbeitete. Die Armut war nun woanders und keiner sollte sagen können, seine Frau müsse Geld verdienen.

Meine Grossmutter war nicht eine der Frauen, die man starke Frauen nennt. Sie wollte gefallen, nicht aufbegehren, die Farben nahm sie nicht mehr in die Hand, zu früh verwitwet fing sie nicht noch einmal neu an. Ohne Ehemann fühlte sie sich halbiert. Ihr Sterben dauerte lange, wir kamen an ihr Bett und gingen wieder und kamen erneut. Wie hätte sie loslassen können, was sie erfüllt hatte: die schönen Dinge, den Sommer, die leuchtenden Farben – lauter Sachen, die sie unter den Verdacht stellten, über nicht genügend Innerlichkeit zu verfügen.

Aber vielleicht war alles anders. Sie gab den Farben eine Zuflucht, während wir ihre ungebrauchten Pinsel beklagten. Vielleicht ist sie wahr, die Geschichte von Tahiti; es liegt auf einer Landkarte, die die Geografen nicht kennen. Mein ungläubiges Lachen hast du in den Wind geschlagen. Vieles hast du dir nicht nehmen lassen. Die Heiligen nicht und die Liebe zum Nutzlosen, die Freude an Menschen, die an dir vorbeigingen, und an Autos, die an dir vorbeifuhren, ihre Karosserien blau, silber, rot, das Alleinsein nicht. Auch nicht die Überzeugung, dass Zitronen die Zeit aufzuhalten vermögen und dass man das Wort «tot» hinzufügen muss, wenn eine Unbekannte lächelnd aus dem Wasser kommt.

Sie war eine wie andere, meine Grossmutter. Und keine war wie sie. Sie steht in diesem Buch neben andern Frauen, die vor oder nach ihr kamen. Manches teilt sie mit der einen oder der andern, anderes nicht. Jede bewohnt auf ihre Weise eine bestimmte Zeit, und nicht alle haben die gleichen Träume. Manche greifen in ihre jeweilige Gegenwart ein, andere verkörpern, ohne es gewollt zu haben, Besonderheiten ihrer Epoche. Keine ist für sich ein Exempel für die Geschichte der Frauen, aber nur durch sie wird diese Geschichte fassbar. Ja, diese Geschichte ist auch eine Geschichte der Entrechtung und der Kämpfe dagegen. Aber nicht allen widerfährt dasselbe Unrecht und nicht alle trifft es auf dieselbe Weise. Nicht alle kämpfen gegen Unrecht oder tun das auf dieselbe Weise. Nicht immer sehen Freiheit und Unfreiheit so aus, wie wir sie heute auffassen. Und manchmal geht es um anderes.

Katharina von Zimmern gab viel Macht her – für den Frieden einer Stadt, aber auch, um zu heiraten. Julie Bondeli wollte auf keinen Fall einen Ehemann in ihrem Leben haben, sondern ungestört Philosophin sein. Schliesslich vollendete sich ihr Glück in der Liebe zu einer Gefährtin (und niemand störte sich daran). Pauline Buisson wurde als Sklavin geboren. Sie hatte kein Recht an sich selbst und keine der vielen Revolutionen ihrer Zeit änderte daran etwas. Aber vielleicht nahm sie sich Freiheiten, von denen wir nichts wissen. Anna Göldi konnte sich frei bewegen. Doch als ein Gericht sie anschuldigte, Unheil über ein Kind gebracht zu haben, hatten ihre

17

Worte kein Gewicht. Germaine de Staël war alles in den Schoss gelegt, was es brauchte, um es mit dem mächtigsten Mann ihrer Zeit aufzunehmen, aber ihr Werk aus vielen Schriften wurde kleingeredet. Auch Emma Herwegh mass sich mit Männern, sie zog mit Pistolen in eine Revolution. Eine schreibende Frau dagegen wollte sie partout nicht sein. Daran lag auch Goldy Parin-Matthèy wenig, sie tauchte auf den Grund der Dinge und liess es sich gut gehen. Catherine Colomb leuchtete schreibend jeden patriarchalen Winkel in ihrer Gesellschaft aus und fand darin ihren Platz. Emilie Kempin-Spyri hätte stolz sein können auf ihre Berufsarbeit, aber sie bereute Zeit, die sie nicht mit ihren Kindern verbracht hatte. Meret Oppenheim gewann künstlerische Ermächtigung aus dem imaginierten und realen Dialog mit anderen Frauen, während Iris von Roten sich als die Einzige wähnen musste, um im Namen anderer sprechen zu können.

Man kann die Geschichten dieser Frauen auf viele andere Weisen miteinander verknüpfen, kann andere Gemeinsamkeiten und Gegensätze finden, andere Trennfäden durch das Gewebe ziehen. Dann tauschen sie ihre Plätze, gruppieren sich um. Stets gilt: Was sie mit den einen teilen, trennt sie von andern, mit denen sie anderes teilen. Und nie verbindet eine alles mit einer andern. So war auch meine Grossmutter. Eine wie andere und so wie keine.

Katharina von Zimmern

Lob der Frauen

Wie gross die Stücke waren, die man aus dem Fronaltar der
einen Kirche herausbrach, um sie in der anderen Kirche in eine
Kanzel einzufügen, steht nicht in den Geschichtsbüchern.
Sicher aber gelangte Stein über den Fluss, wurde auf der einen
Seite abgetragen und auf der andern eingebaut. Aus den Kirchen verschwanden die Bildnisse, die Gottesmütter und Farben. Das Wort machte sich breit, das verständlich gesprochene,
das niemandem verwehrt sein sollte, vor dem nun aber auch
niemand mehr sicher war. Das schöne, das furchterregende
Wort, Waffe und Versprechen der Reformation.
Katharina von Zimmern war Neuerungen zugetan und
reformatorischen Ideen vermutlich nicht abgeneigt. Sie besitzt
entsprechende Schriften, darunter Huldrych Zwinglis Pre-
digt über die göttliche und die menschliche Gerechtigkeit, von
seiner Hand der *gnädigen Frau Äbtissin* gewidmet. In der Kirche
der Fraumünsterabtei, der sie vorsteht, wird für und wider den
neuen Glauben gestritten: Wie farbig sollen die Kirchen sein,
dürfen die Gemeinden ihre Pfarrer selbst wählen, können Priester heiraten, und gefallen Gott die Gelübde der Nonnen überhaupt? Wortgefechte werden ausgetragen zwischen Kapellen,
in einer hatten einst drei Tage und drei Nächte lang die Reli-
quien der Heiligen Drei Könige geruht. Nun ist alles frisch
geschmückt und ausgemalt, die Glocke umgegossen und neu
geprägt. Ein Vers in klassischer Form verrät die humanistischen
Neigungen der Äbtissin, die alles hat neu herrichten lassen
und sich als Einsiedlerin bezeichnet.
Tatsächlich lebte zu diesem Zeitpunkt ausser ihr keine
Stiftsfrau mehr in der Abtei. Zwei unbotmässige Nonnen noch,

ausgeschlossen vom Kloster Selnau. Sie nimmt sie auf und nennt sich die letzte und einzige Chorfrau, die Stadt Zürich plant die Aufhebung der Klöster. In den umliegenden Ortschaften mögen die Bauern keine Zehnten mehr an die Abtei zahlen, sie wissen jetzt, dass im Evangelium davon keine Rede ist. Auch Frauen führen das aufmüpfige Wort, in Wipkingen werden Bilder von Heiligen zerschlagen, man trägt sie zum See und wirft sie hinein, anderswo fliesst Blut im Kampf um den rechten Glauben. Der Friede steht auf dem Spiel, viel, ja alles hängt davon ab, was die Äbtissin tut.

Die Stadt hält den Atem an, und am 30. November 1524 erklärt Katharina von Zimmern ihren Verzicht auf die Abtei.

Sie hätte sich an den Bischof von Konstanz wenden und die Partei der Papsttreuen mobilisieren können. Immerhin stand sie nicht irgendeinem Kloster vor. Seit drei Jahrhunderten war die jeweils amtierende Äbtissin des Fraumünsters zugleich Herrin von Zürich. Kam ein König, so wurde er von ihr begrüsst. Zwar waren seither viele Rechte an den Rat der Stadt übergegangen, in der seit einiger Zeit Handwerkerzünfte den Ton angaben. Doch noch tragen die Münzen das Bild der Äbtissin, herrscht sie über zahlreiche Dörfer in der Umgebung, verfügt über Begnadigungen und Asyl. Jetzt aber gibt Katharina von Zimmern all das her, *samt und sonders,* wie es in der Übergabeurkunde heisst, gibt dem Bürgermeister, dem Rat und den Bürgern der Stadt Zürich *das Gotteshaus, die Privilegien, die Pachturkunden und andere Urkunden, Urbare, Rodel und Register, Freiamtsleute und Amtsrechte, Hörige und Dörfer und Höfe,* gibt all das, noch einmal steht es in der Urkunde, *samt und sonders, gut und willig und nicht gezwungen.*

Der Stadt, in der nicht nur um Glaubensdinge, sondern mit der auch um Freiheiten gestritten wurde, blieb damit eine weitere blutige Eskalation erspart. Vor nicht allzu langer

Zeit hatte sie eine Revolte ihrer Bauern überstanden, und nun konnte der Rat die Klöster aufheben, die Schule der Fraumünsterabtei übernehmen, selbst die Armen versorgen und die Kranken pflegen. Im Grossmünster sollte Zwingli künftig auf einer Kanzel aus Steinen predigen, die im Fronaltar des Fraumünsters Zeugen der Weihe und des Gelübdes der letzten Äbtissin Zürichs gewesen waren. Und vor ihr, der hochadeligen Katharina von Zimmern, lag eine komfortable Existenz. Bei der Übergabe der Abtei hatte sie sich das Bleiberecht in der dort gelegenen Wohnung gesichert, auch das Recht, ohne Vormund über ihr Vermögen verfügen zu können und vom Rat auf Lebenszeit versorgt zu werden. Brennholz aus Tanne und Buche, vereinbarte Mengen an Getreide, 65 Eimer Wein und 353 Pfund Zürcher Währung, Gemüse aus einem Nutzgarten.

Doch sie – heiratet.

Nur wenige Wochen nach dem Verzicht auf Abtei und Amt nimmt sie sich in Schaffhausen einen Ehemann aus verarmtem und niederem Adelshaus, der keinen Fuss auf Zürcher Boden setzen darf. Unlängst wurde Eberhard von Reischach von der Stadt zum Tode verurteilt, weil er für einen in Ungnade gefallenen jungen Herzog Soldaten angeworben hatte, in Missachtung des Verbots der eidgenössischen Tagsatzung. 300 aus Basel, 500 aus Neuenburg, 300 aus Unterwalden, aus Solothurn 300 und aus Zürich 1000, von überallher, insgesamt 13 900. Nun ist sein Haus in Zürich verschlossen und keiner in der Stadt darf über die Angelegenheit sprechen. Bald jedoch wird die Sache zu Tode geschwiegen sein, da lässt man das Paar, vier Jahre nach der Heirat, wieder in die Stadt.

Katharina von Zimmern kommt als Mutter zurück.

Zwischen ihrem siebenundvierzigsten und ihrem einundfünfzigsten Jahr hat sie einen Sohn geboren, dessen Name die Familienchronik nur unleserlich überliefert, und eine Tochter,

Anna, die sie alleine grossziehen wird. Das Brüderchen ist früh gestorben, der Ehemann wird bald in der Schlacht bei Kappel fallen. Und die Äbtissin ist zur Mutter geworden, spät im Leben. Oder viel früher schon? Es gab in Zürich eine Regula Schwarz, von der es hiess, sie sei mit der Äbtissin verwandt, richtig verwandt. Vielleicht eine uneheliche Tochter ihres Bruders?

Zwingli nennt die junge Frau nicht beim Namen, als er in einem Brief Erkundigungen über einen Heiratsanwärter einholt. Aber er schreibt: *Die Äbtissin liebt das Kind zärtlich.* Bald heiratet Regula, im selben Jahr wie Katharina von Zimmern, und erhält von dieser 500 Gulden Heiratsgut. Sie ist da 14, 15 oder 16 Jahre alt. Regulas Tochter Salomea wird in ihre Ehe einbringen, was ihr Katharina von Zimmern dafür vermacht hat: 100 Pfund, eine Bettstatt, Tuch für einen Oberrock. An Sohn Sebastian Uriel werden Schriften aus der frühen Reformationszeit fallen, zwei davon der Äbtissin von Zürich persönlich gewidmet.

Nirgends steht es geschrieben. Im St. Galler Taufregister hat Regula keinen Nachnamen. Aber Münzen, Stoff, Möbel und Schriften gehen von Katharina von Zimmern an sie und ihre Kinder über. Fürsorge einer Tante für ihre Nichte? Auf der Grabplatte von Regulas Sohn Sebastian Uriel werden dessen Nachkommen links von seinem Ebenbild, auf der Mutterseite, zwei Geschlechtsnamen einmeisseln lassen: nicht nur denjenigen der Grafen von Zimmern, sondern auch denjenigen der Reischachs.

Vielleicht also war Katharina von Zimmern längst Mutter, als sie die Abtei übergab und heiratete. Hatte als Äbtissin eine Tochter geboren, ihr den Namen Regula gegeben und sich schon viel früher mit Eberhard von Reischach verbunden. Sicher kannten sie sich schon lange.

Eberhard von Reischach hatte sich, bevor er in Ungnade fiel, für Zürich Verdienste erworben und dafür von der Stadt das Bürgerrecht erhalten. In den Badener Bädern gab er Feste aus, wie es üblich war für jene, die das Geschäft der Allianz und des Kriegs betrieben. Gab Feste aus und empfing Geschenke, jedes einzelne wurde auf einer Liste verzeichnet. Einer, vielleicht zwei ganze Ochsen, drei Braunfische, Lachs und anderen guten Fisch, auch einen Plattfisch, Rehböcke, zwei Sauglämmer, einen Wildbretbraten, vier Enten, zwei Gänse, zwei Haselhühner, auch Käse und Schabziger, Wein. Dann Kuchenweggen, Zuckererbsen, einen Semmelring, Kuchen mit Zucker und solchen mit Pomeranzen. Aus der Hand von Söldnerhauptmännern, Kaplanen, Rittern, Wirten, Zunftmeistern, Chorherren und Bürgermeistern, überreicht durch Boten aus Brugg, Diessenhofen, Klingnau, Schaffhausen, Zug.

Und sie, Katharina von Zimmern, hatte sich zwar als Äbtissin eine Einsiedlerin genannt, aber ihr Leben war nicht einsiedlerisch gewesen. Nicht, als mit ihr andere Frauen im Fraumünsterkonvent gelebt hatten und auch nicht, als nur noch sie übrig geblieben war. In der Abtei hatten Stiftsdamen und Chorherren rituelle Zeremonien gemeinsam vollzogen, die Frauen lebten in individuellen Haushaltungen, und als Stadtherrin war die Äbtissin zugegen bei städtischen Feierlichkeiten, hatte teil an der Geselligkeit der oberen Stände. Sie gehörte dazu als Angehörige einer Familie aus dem schwäbischen Hochadel, die am Aufbau des habsburgischen Weltreichs beteiligt war. Und sie wusste genau, was es bedeutete, sich mit einem zu verbinden, der dem Streit und dem Gefecht nicht aus dem Weg ging. Nachdem ihr Vater in einer Fehde unterlegen war, hatte sie als Kind ihre Heimat auf Schloss Messkirch verloren. Was hatte der neue Herr nicht alles anstellen müssen, weil ihre Mutter sich nicht vertreiben lassen wollte. Möbel um Möbel,

Leintuch um Leintuch hatte er aus den Fenstern schmeissen lassen müssen, bis sie doch noch aufgab und mit elf Kindern nach Weesen an den Walensee flüchtete. Vielleicht also war die Äbtissin einfach verliebt, schon längst, und warum auch nicht.

Den Reformatoren hatte es ja recht sein können, ihnen, die ein eheloses Dasein für verachtenswert hielten, für unzuchtanfälligen Unfug, den man in Klöstern praktizierte, wo Frauen mit Frauen lebten und Männer mit Männern. Und sicher ging Katharina von Zimmern, als sie die Abtei mit dem Ehestand vertauschte, nicht den Weg von einer körperlosen Spiritualität zu einer körperhaften Liebe. Der fromme Glaube, dem sie verschrieben wurde, als sie mit fast 14 Jahren ins Stift gekommen war, dieser Glaube hatte sich seit bald drei Jahrhunderten an den Körper geknüpft. Nicht an das biblische Wort, sondern an das Gefüge aus Gliedern, Organen, Knochen und Fleisch. Lebendig oder tot, ganz oder in Teilen beherbergte der Körper das Heilige. An diesem teilhaben hiess Grenzen zwischen Körpern einreissen, hiess Aussätzige küssen, Badewasser von heilig geglaubten Männern trinken, Milch von heilig geglaubten Frauen. Wer sein Fleisch schmerzen machte, war Christus nahe, und von einem Bischof wurde berichtet, er habe am Knochen der Maria Magdalena genagt.

Überhaupt war dieser Zeit das Mischen leichtgefallen. Geist und Körper, Mann und Frau, Selbst und Materie, das eine war nicht dasselbe wie das andere, aber beides war verbunden miteinander, manchmal auch durch die Fähigkeit der Verwandlung. Aus Christusliebe floss Milch, Jesus war auch eine stillende Mutter, und Mystikerinnen wurden zum Fleisch Christi, wenn sie ihre Körper ausfliessen liessen, Blut aus der Nase, Milch aus den Brüsten. Mehr noch als die Spiritualität der Männer ging die der Frauen in Fleisch und Blut über, waren ihre Körper von Gottes Blut benetzt und drangen in dessen Eingeweide. War diese Vermischung ihrer Glieder und Flüsse mit dem Göttlichen auch ein Widerstand gegen die Herabsetzung und Verdammung des Körperhaften? Die Frauen konnte diese Verachtung ja nicht unberührt lassen, sie, in deren Körper andere Körper wuchsen. Katharina von Zimmern war keine Mystikerin. Im neuen Fraumünstertrakt, den sie errichten und mit Sprüchen und Schnitzereien schmücken liess, waren es Buchstaben, die die Kreuzwunden Christi darstellten. ww v ww, vier Nagelwunden und in der Mitte der Stich ins Herz. Buchstaben also, keine Überbleibsel von Heiligen, keine Knochen oder Stoffe. Die Äbtissin der Fraumünsterabtei war keine Mystikerin, aber sie mochte in den humanistischen Ideen eine Antwort gefunden haben auf die Frage, die auch diese bewegt hatte: Wie sich nicht einschüchtern lassen von denen, die nur immer wieder darauf herumritten, dass Gott in den Frauen kein Ebenbild habe? Ihr mochte gefallen haben, dass Humanisten wie Erasmus von Rotterdam gegen die Frauenverächter im alten, aber auch im neuen Glauben ankämpften.

Das Deckenfries im Empfangszimmer der Abtei jedenfalls, das sie auch neu hatte herrichten lassen, schickte jeden auf die Hut, der eingelassen wurde: *bin der red und bin den oren bekent man den essel und den toren / item welen frouwen uibell rett der weist nit was sin muoter tet / man sol frouwen loben / es sy war oder arlogen.* Ein Esel und ein Tor, wer die Frauen verleumdet, wo doch keiner weiss, was seine Mutter getan hat. Besser, man lobt sie. In ein Holzfries lässt sie eine Sirene schnitzen, es heisst, das Geschlecht der von Zimmern gehe auf die Verbindung eines Freiherrn mit einer Meerfee zurück, und jeder kennt die Geschichten von den Meerfrauen. Sie haben alle ein Geheimnis, an das keiner ungestraft rührt.

Katharina von Zimmern verzichtete nicht einfach auf Macht, als sie die Abtei an die Stadt Zürich abtrat. Sie schickte sich auch nicht in einen reformatorischen Ehebefehl, als sie heiratete. Sie handelte souverän mit dem, was das Leben von Menschen in ihrer Zeit bestimmte: Beziehungsnetze, gesponnen aus wechselseitigen Abhängigkeiten und Ansprüchen, ohne die niemand überlebte. Beziehungsnetze auch, die Individuen zu Familien verflochten und Familien mit andern Familien, auch mit politischen und religiösen Körperschaften. Sie übergab der Stadt die Abtei mit einer Begründung, die kein Zwingli und kein Rat, sondern nur sie selber formulieren konnte: Ihr Vater habe sie, als er sie ins *Gotteshaus* des Fraumünsters geschickt habe, in die Obhut der Stadt gegeben und nicht in jene der Kirche. Der Stadt also sei sie zuallererst verpflichtet, aus Treue zum Willen des Vaters. Die Stadt sei deshalb auch ihr verpflichtet, habe sie doch mit dem Eintritt ins Fraumünster *ihr väterliches, mütterliches und verwandtschaftliches Erbe aufgegeben und darauf verzichtet.* Die Stadt schulde ihr also, wenn sie jetzt von ihr die Abtei empfange, ihren Lebensunterhalt – die Zürcher Münzen, die Eimer Wein, die Klafter Brennholz, den Garten und die Wohnung.

So bemächtigte sich Katharina von Zimmern der Handlungen, die üblicherweise unter Männern vollzogen wurden, wenn Frauen aus einer Beziehung in eine andere gelangten, aus dem Elternhaus in eine Ehe oder ins Kloster. Sie, die ihrem Vater vermutlich so zugetan war wie er ihr, die wohl auch seine Vorliebe für das geschriebene Wort teilte, sie brachte bei der Übergabe der Abtei nicht die Person des Vaters ins Spiel. Sie brachte die Beziehung ins Spiel, die dieser gestiftet hatte als ihr – wie es in der Urkunde heisst – *Vormund und Vater.* Nun gab ihr diese Beziehung die Freiheit, nicht denen zu folgen, die sie an den Bischof verweisen und zu Widerstand gegen die Stadt anstacheln wollten, gab ihr die Souveränität, in Anspruch zu nehmen, was die *Ordnung Gottes* verfügte: dass ihr die *letzte und einzige Entscheidungsbefugnis* über die Zukunft der Abtei zukam. So machte sie den Weg frei für die Ehe mit dem geächteten Söldnerführer, ohne Rücksicht auf die Stadt und ohne Zustimmung ihrer Brüder.

Dem Familienchronisten, einem Neffen Katharina von Zimmerns, blieb nicht verborgen, wie hier eine Frau nicht die Verhältnisse auf den Kopf stellte, aber sich das Recht herausnahm, über sich zu verfügen und zu wissen, was für die andern gut sei. Am Ende seines langwierigen Berichts über einen andauernden Erbstreit zwischen ihr und ihren Brüdern jedenfalls fiel ihm nur noch ein, was schon manchem zuvor eingefallen war und manchem danach auch noch einfallen sollte, wenn eine Frau so handelte. Die Äbtissin habe, schreibt der Chronist, *unloblich* gehandelt, als sie das Stift der Stadt übergab, und gleich nochmals, als sie sich einen unstandesgemässen Mann nahm: *Aber wie die alten gesprochen, das die weiber lange klaider tragen, dargegen aber kurze sinn haben, beschaint sich in diser handlung wohl.* Lang seien die Kleider der Frauen, aber kurz ihre Gedankengänge.

Auch wenn wieder und wieder so getan worden ist, als wäre immer schon ein Urteil über die Frauen gefällt, von Gott oder der Natur, lautend auf Unvernunft, ist ihre Geschichte nicht gleichförmig. Katharina von Zimmern stand an einem Wendepunkt. Hinter sie rückte eine Epoche, in der Frauen als Angehörige eines Standes Macht haben und manchmal sogar ein Gemeinwesen verkörpern konnten. Vor ihr zog eine Epoche auf, in der Frauen als Frauen aus Positionen der Macht gebannt wurden. Doch in der Geschichte ist jede Wende ein Vexierbild. Diese hier führte auch von einer Zeit, in welcher der Macht der wenigen die Ohnmacht der vielen gegenüberstand, zu einer Zeit, in der die Unfreiheit vieler die Idee einer Freiheit aller nähren sollte. Welche Geschichte also erzählen über Katharina von Zimmern? Sie hat Frieden gestiftet, indem sie auf Macht verzichtete. Aber vielleicht hat ihr auch einfach ihr Glück mehr bedeutet als Herrschaft. Vielleicht war gerade das ein Aufbegehren, vielleicht aber auch ein Sichfügen in die Verhältnisse. Ist das eine Geschichte verlorener oder gewonnener Frauenmacht? Die Menschen der Vergangenheit, schrieb der Historiker Edward P. Thompson einmal, sind nicht für uns da gewesen. Sie gehören uns nicht, sie gehören sich selbst. Er war damals mit anderen Frauen beschäftigt, als Katharina von Zimmern eine war. Nicht mit solchen, die reichlich über Wein und Holz verfügten und über Beziehungen, die, selbst wenn alles verloren war, die Flucht in den sicheren Hafen einer reichen Abtei möglich machten. Er war mit denen befasst, die hungerten, froren und nicht damit einverstanden sein wollten, wie die Reichtümer verteilt waren. Aber es gilt für alle Toten: Sie gehören den Lebenden nicht und sind diesen keine Antworten auf ihre Fragen schuldig.

Julie Bondeli

Alles ausser heiraten

Was wäre da gewesen. Notizen, Entwürfe, Tagebücher. Kinder: keine. *Da ich ja noch so jung bin, sage ich mir: «Julie, mein Kind, verheirate dich nicht, so wirst du freibleiben und kannst tun und lassen, was du willst. Da du keine Kinder haben wirst, wirst du der Mittelpunkt aller deiner Aufmerksamkeiten sein. Gebäre keine Kinder, denn wenn sie sich mehren, mehren sich auch für ihre Grossmutter und Urahne eine ganze Menge Sorgen und Geschichten, die nur mit dem Leben selbst aufhören.»* So spricht sie mit sich selbst. Keine Kinder also, aus denen immer mehr würden und mit denen sich auch die Geschichten vervielfachten, die alle unweigerlich im Tod enden. Dafür Briefe. Auch die vermehren sich.

Aus einem wird, eben ist er angekommen, ein zweiter, der Antwort gibt. Manchmal werden zwei daraus, die an denselben Freund gehen, einer morgens, einer abends, manchmal drei oder vier, wenn der angekommene mit mehr als einer Freundin geteilt werden muss. So ein Brief *wandert herum.* Jeder fordert sein Recht auf Antwort, die ein Gegenrecht einrichtet. Manchmal ist Geduld angebracht, *denn ich, die ich nichts zu tun habe, habe kein Recht, von den andern zu verlangen, dass sie ihre Arbeit einfach beiseite legen, um sich mit mir zu beschäftigen.* Was allerdings nicht geht: Zwei lange mit *nur einem mittelangen* zu erwidern. Gelesen werden sie allein, sie werden vorgelesen im Salon oder man liest zu zweit. *Schnell, schnell, Marianne, ein Brief von Freund Zimmermann!* Manchmal sind sie ein bisschen wie Kinder. Es kann ihnen nicht die nötige Aufmerksamkeit geschenkt werden und dann hilft nur eines: *Ich schreibe Ihnen, lieber Freund, um Ihnen zu berichten, dass ich keine Zeit habe, um ihnen zu schreiben.* Auch daraus wird ein Brief.

Fast vierhundert sind ausfindig gemacht. Sie liegen verstreut in Archiven und Bibliotheken, der erste vom 21. April 1759, der letzte vom 4. Oktober 1777. Ihr Nachdruck füllt drei Bände. Aber es gab viel mehr, jederzeit könnte noch einer auftauchen, von dem man weiss, dass es ihn gegeben haben muss, oder einer, der eine Überraschung wäre. Denn es ging ganz leicht: Sie setzt sich hin und schreibt, in der Wahlmuttersprache des Berner Patriziats, nämlich Französisch, und orthografisch gerade so, wie es ihr einfällt oder gefällt. Ausserdem *eigentlich ins Blaue hinein, mein sehr lieber Freund, hier ein Wort, da eins; alles zusammen wird schliesslich einen Brief ergeben.* Manche dieser Ergebnisse werden herumgereicht und berühmt. Fast vierhundert sind in den Truhen und Sekretären anderer erhalten geblieben, deren Papiere sich verwandelt haben in Nachlässe. Sonst ist nichts mehr da: keine Notizen, keine Entwürfe, keine Tagebücher und fast kein Brief von all denen, die sie erhalten hat. Nur die ihren, die andere aufbewahrt haben.

Für einmal also: Nur ihre Worte.

Auf keinen Fall wollte sie diese gedruckt sehen. Die «bernische Aspasia» wird sie genannt, nach der griechischen Ahnherrin aller Salonnieren, später die «Minerva von Neuchâtel», nach der Göttin der Weisheit. Sie selbst nennt sich *Philosophin* und ist aus eigener Anstrengung eine geworden, *trotz einer Menge Hindernisse, die sich mir reichlich in den Weg stellten* (so viele *Jochs,* die Frauen zu tragen haben: solche der Natur, des Rechts, der Konventionen und dazu noch die *erdachten*). Jetzt scharen sich die Bürgerinnen und Bürger einer besonderen Republik um sie, und sie macht ein Fest daraus. Aber nur, wenn sie will: *Die gesamte Gelehrtenrepublik könnte mich nie veranlassen, dort Geist aufzubringen, wo ich Ruhe haben, oder mir dort Zwang aufzuerlegen, wo ich schweigen möchte.* Wenn sie mag, wird musiziert, man spielt Theater, diskutiert. Einmal gründet sie eine

Gesellschaft mit ihren Freunden – zum Scherz, aber man trifft sich regelmässig, hat einen Präsidenten, einen Vizepräsidenten und Sekretär. Es ist ein Glück, dass ihre Gesellschaft ein Scherz ist. Denn die ernsthaften Gesellschaften, auch Sozietäten genannt, wollen bald nichts mehr wissen von Aspasias in der Gegenwart und Minervas aus Fleisch und Blut. Sie werden jetzt reihenweise gegründet. In Bern sind es 1759 die «Ökonomische Gesellschaft», 1760 das «Café littéraire», 1762 die «Société des Citoyens», 1765 die «Société morale». Sie wachsen heraus aus dem geselligen Tun in Salons und Landhäusern, und zu den Patriziern, die von Grundbesitz und Kriegsdienst leben, kommen die Berufsmänner, die über Bildungsgut verfügen, die Ärzte, Pfarrherren und Professoren. Es gilt eine Republik zu errichten, die aus mehr als Buchstaben gemacht ist, und dazu ziehen die Männer aus den Wohnzimmern aus, in denen die Frauen Salon halten. Sie schliessen sich zusammen und vermuten, dass hinter der Herrschaft der wenigen eigentlich eine heimliche Macht der Frauen steckt. Dass diese auf ihr Innerstes ausgehe, argwöhnen sie. Ist etwa nicht stets damit zu rechnen, dass die Frauen, wie Rousseau sagt, *weil sie nicht Männer werden können, uns zu Frauen machen?*

Aber gerade noch geben sich jene wenigen, die sich in Stadt und Republik Bern 1747 das Recht erteilt haben, «wohledelgeboren» zu heissen, aristokratisch und etwas französisch, pflegen eine Geselligkeit, in der sich Männer und Frauen mischen; die Neuankömmlinge bringen sie zu Julie Bondeli. Und eine wie sie, die man Aspasia und Minerva nennt, kann beides – nämlich sich für Rousseau begeistern und nicht alles ernst nehmen, was dieser sagt. Es gibt schliesslich auch die Frauenehre: Mögen alle sehen, *dass eine Frau sogar bei einem Weiberhasser nichts verliert, wenn sie ihn als Schriftsteller rühmt.* In ihrer

Sozietät geht es fröhlich zu und her, und alles kreist um sie. Es gibt hier *Berner, Zürcher, Literaten, Magistraten, Sekretäre der dänischen Gesandtschaft, gelehrte Männer, gelehrte Frauen, Kaufleute, Weltdamen und Hausmütterli,* und abwechselnd *im Laufe des Tages haben wir Geist im Kopfe, in den Füssen oder in den Ohren, nichts ist vorgesehen, nichts arrangiert als die Wahl der Menschen und der Tag der Zusammenkunft, alles andere bleibt der Eingebung des Augenblicks überlassen: Diskussion, Ernst, Scherz, blinde Kuh, Allemande-Menuett, Konzerte ernster Musik und Konzerte von Simeliberg und Compagnie.* Sie nennt es ihre *Sorbonne.*

Doch auf keinen Fall will sie ihre Worte gedruckt sehen. Lieber liest sie.

Die Liste der Bücher, die Julie in ihren Briefen erwähnt, füllt 57 Seiten. In einem stöbert sie *sechs oder sieben französische, deutsche und englische Autoren auf,* die der Autor (Isaak Iselin) kompiliert hat. In einem andern (von Jean-Jacques Rousseau) ortet sie Probleme bei der Anordnung des Stoffs. Bei einem dritten weiss sie zu berichten, wie der Autor (Edward Gibbon) einmal *wie ein Verrückter durch die Felder lief und, den blossen Degen in der Hand, die Feldarbeiter damit bestürmte, Mlle Curchod sei die schönste Frau der ganzen Welt.* Sie kritisiert und fasst zusammen, empfiehlt und holt Empfehlungen ein. Manchmal mit Anweisung: Unbedingt etwas zu Anatomie und Physiologie, aber bitte nichts, was dazu beitrüge, *mich gegen meinen eigenen Willen zur Hebamme zu machen.* Denn es bleibt *alles, was Bezug hat auf die Fortpflanzung des Menschengeschlechts, meine geringste Sorge.* Ist sie prüde? *Ich möchte mir ganz einfach das, was nicht absolut in meinen Plan gehört und mich langweilen könnte, ersparen.* Bücher füllen Briefe und wie die Briefe wandern die Bücher. Sie gibt Johannes von Müller den «Timorus» zurück, verfrüht, denn Leonhard Usteri wollte ihn auch noch lesen, dafür wird sie bald die «Correspondance de Winckelman» erhalten, die zuvor bei Monsieur de Bonstetten lag, der sie nun ihrem Schwager übergeben hat. Bald gehen sie von dort auf die Postkutsche. Auch ihre Briefe will sie nicht gedruckt sehen. *Gott behüte mich davor!* Doch es hilft nichts, denn was in Briefen geschrieben steht, ist aus den Händen gegeben beziehungsweise: in der Hand von andern. Schon findet sich ihr Initial in einer gelehrten Zeitschrift: «Reflexions sur le tact moral par Mlle B.» Sie selbst hatte den Text mit «Lettre sur le Sens Moral et l'Esprit d'Observation» überschrieben und ihn eine *sogenannte Studie* genannt. Sie findet, das Ganze sei *im Grunde nichts anderes als das Inhaltsverzeichnis eines grossen Buches, das ich jemand anderem überlassen möchte, zur Welt zu bringen.* Es waren Überlegungen in einem Brief, zwar ihre *erste Abhandlung,* aber doch ein Brief. Dem Freund Johann Georg Zimmermann galt es darzulegen, wie sich die intuitive Erkenntnis des Wahren, Guten und Schönen von der Beobachtung unterscheide. Es bliebe noch zu erklären, sagt sie, *wie und warum es sich so verhält.* Man landet bei Nervensträngen, die wie Saiten vibrieren, aber eigentlich müsste man sich in den *Abgrund der Metaphysik* stürzen und wäre eine *Morallehre zu schreiben, welche das Weltalle erleuchtet hätte (natürlich durch einen Scheiterhaufen).*

Bliebe, wüsste, wäre – sie hat keine welterleuchtende Morallehre geschrieben. Denn *die Arbeit widerte mich bald an, weil ich Frau bin und weil eine Frau nicht über Metaphysik schreiben soll in den dem Stoffe angepassten Ausdruckweisen und Wendungen, selbst wenn ihr Stil von leuchtender Klarheit wäre. Andererseits bin ich zu sehr Mann, um mich je entschliessen zu können, dort Eleganz anzubringen, wo es bloss klarer und klar ausgesprochener Ideen bedarf, und dort Blumen zu streuen, wo nur Konsequenz und Deutlichkeit gefordert wird.* Eine Frau ist kein Mann, aber auch Mann (und manchmal *mehr Mann* als die Männer, fügt sie an). So tut sie, was sie sich nicht zugesteht und gesteht sich nicht zu, was sie tut.

Oder hat sie sich nur in der falschen Jahreszeit versucht, als der Körper nicht auf Erkenntnis gestimmt war? Wer würde leugnen wollen, dass Ideen Körpern entspringen und beides von Belang ist. Über Rousseau wissen alle, dass er *an furchtbaren Steinschmerzen leidet,* anders als Voltaire, *der nur dann Koliken hat, wenn er sich langweilt.* Möglich auch, dass wieder mal ihre *philosphische Brille* wie *immer drauf und dran* war, *von der Nase zu rutschen* und die Freundin nicht zur Stelle, die sie ihr *immer wieder hinaufgeschoben* hat.

Die Freundin, Marianne Fels, ist allerdings fast immer zur Stelle. Vor allem im Jahr 1761.

Nur die Augenblicke sind erträglich, die ich mit Mlle Fels verbringe. Ihr Vater, einst Landvogt und Schultheiss, Verwalter bernischer Untertanengebiete, von dem man sagt, er habe seine Tochter vom antipatrizischen Verschwörer Samuel Henzi unterrichten lassen, dieser Vater ist gestorben und im taghellen Licht zeigt sich, wie es um die Bondelis steht. Wie ein Schuldenberg gegen alle Gesetze der Natur ins Rollen kommt oder sich auftürmt, jedenfalls alles verschluckt. Nicht unerwartet, eher *vorausgefühlt und seit langem gefürchtet.* Deshalb gehört ihr das Landgut in Köniz bereits und ist geschützt, als vom Berg eine Prozession hinabschreitet. Gläubigerin um Gläubiger, Handwerker und Metzger, Schneiderinnen und Perückenmacher, auch die Witwe, die sich zuvorderst einreihen darf, um zurückzufordern, was sie in die Ehe eingebracht hat. Damit kann sie das eine oder andere zurückkaufen, auf dem Geltstag, wo alles ausgerufen wird, die Matratzen, Bücher, Stoffe, Gemälde und Teppiche.

Gut ist Julie Philosophin, und gut hat sie eine Freundin. Wäre eine von ihnen beiden verrückt wie Orest, so könnte man erwägen, die andere Pylades zu nennen, da sie *einander ebenso viel bedeuten* wie diese beiden. Die Geschichte ist bekannt, gehört zum Bildungsgut, Sinnbild der unverbrüchlichen Freundschaft: Von Kindheit an stand Pylades dem Orest bei allem bei, auch beim Mord an dessen Mutter Klytaimnestra, die zuvor den Vater Agamemnon getötet hatte. Zusammen wurden die beiden Gefährten verfolgt von den Rachegöttinnen, Erinnyen genannt oder Furien, Töchter der Nacht, der Gaia oder der Persephone. Man stellt sie gern ins Zwiegespräch versunken dar, Orest und Pylades, einander zugewandt, auch aneinandergelehnt, eine Hand in die andere gelegt.

Ein solches Freundinnenpaar hat die Antike nicht zu bieten oder die Nachgeborenen haben es dort nicht gesucht, jedenfalls wird behauptet, es könnten nur Männer so Freunde sein: wie Brüder einander gleich und doch jeder einzigartig, während die Schwestern … Aber einerlei. Eine Schwester hat sie schon, ein Fast-Pylades kommt dazu, und sie beide sind bei Trost (die Schwester auch). Manchmal schiebt ihr Marianne die philosophische Brille hinauf, aber manchmal lässt sie sich auch nicht *den Instinkt schelten, diese köstliche Himmelsgabe, die immer eine Katze eine Katze nennt.*

All das bleibt, über das Annus horribilis 1761 hinaus: Weil sie in *glücklicheren Zeiten* über sich selbst *philosophiert* hat, kennt sie die *Eigenart meines Wesens und die Wirkung unglücklicher Erlebnisse.* Sie weiss, dass ihre vermeintliche *Sicherheit nur Unbeugsamkeit* ist, ihre *Ruhe nur die angeborene Abneigung gegen jede Klage.* Ausserdem: die Freundin Marianne, das Könizer Landgut, in dem die geretteten Sachen stehen. Hier lebt sie nun mit Mutter und Schwester. Die Zeiten werden besser, und es bricht die der heiteren Sorbonne an. Heirat: keine. Sie wird umschwärmt, der Dichter Christoph Martin Wieland steht Kopf. Doch *Verheiratung* ist ihre letzte Sorge, also eigentlich: *keine.* Was der verliebte Wieland anrichtet, ist *ein einziges moralisches Problem, dessen Lösung sich wohl erst in einer andern Welt finden wird. Ich bin jedoch schon in dieser Welt davon so todmüde, dass ich mich in einer andern wohl erst ganz zuletzt danach erkundigen werde.* Sie will nicht heiraten. Muss man es erklären? *Nein, nein, mein lieber Freund, ich sage es, weil ich fühle, dass ich vom Scheitel bis zur Sohle nicht für die Ehe geschaffen bin. Die Quadratur des Kreises, die Entdeckung der Längengrade, selbst das grösste aller Werke scheint mir kein so erschreckendes Unternehmen, wie die Frau des besten unter den Männern zu werden.* Muss sie noch mehr Worte dafür finden, bis auch der letzte unter den Ungläubigen das Fragen sein lässt? Die Längengrade hatte da ein Uhrmacher aus Yorkshire zwar schon entdeckt, auch wenn es die Akademien noch nicht zugeben mochten. Aber es bleiben Dinge der Unmöglichkeit: Der Kreis lässt sich nicht zum Quadrat machen und sie will nicht heiraten. *Ich kann mir alle Beziehungen in der Gesellschaft im allgemeinen und im besonderen gut ausmalen, aber ich kann mir nicht vorstellen, wie man mit einem Ehemann lebt.* Warum also sollte sie – sie, die doch an jedem Finger ungezählte Freundinnen und Freunde hat und eine Gefährtin treu wie Pylades.

Ausser der Ehe alle Beziehungen also. Im Allgemeinen mit Gelehrten, Magistraten, Frauen, Männern. Im Besonderen zum Beispiel mit Johann Jakob Bodmer, Suzanne Curchod, Daniel Fellenberg, Salomon Gessner, Anna Margareta von Haller («Gritli»), Gottlieb Emanuel von Haller, Susanna Elisabeth von Hartmann, Niklaus Anton Kirchberger, Sophie La Roche, Marie-Anne-Françoise de Luze, Katharina Mniszech, Élie-Salomon-François Reverdil, Marie-Frédérique-Anne de Sandoz, Johann Rudolf Sinner von Ballaigues, Margareta Stürler, Vincenz Bernhard Tscharner, Johann Rudolf Tschiffeli, Leonhard Usteri, Emer de Vattel, Gabriel und Salome von Wattenwyl, Samuel Anton Wilhelmi, Johann Georg Zimmermann.

Kleine Zwischenbilanz im Jahr 1764.
Punkto Ehestand sprach ich die Wahrheit.

Das unbekümmerte Leben also? *Aber ich log wie ein Scherenschleifer dort, wo es sich ums Ledigbleiben handelt, und da meine liebe Mutter mir alles aus dem Wege räumt, was mir irgendwie hinderlich sein könnte – lege ich mir selbst alles mögliche in den Weg, mache Wesens und Geschichten, Sorgen und Schwierigkeiten für eine einzige Person, die in gar keinem Vergleich stehen zu all der Mühe, die ich gehabt, wenn ich zwölf Kinder zu schneuzen, zu prügeln und zu einem tugendhaften Dasein zu erziehen gehabt hätte.* Doch es bleibt nicht beim kinderlosen Dasein. 1767 stirbt Julies Mutter, von ihr gepflegt und geschützt vor Schreckensreden über die Hölle. So friedlich stirbt sie, dass alle heiter von Besuchen an ihrem Sterbebett zurückkehren, und die Tochter *weich, aber keineswegs düster* gestimmt ist. Nun *sind die einzigen Bande, die ich anerkenne, nur noch die Freundschaft.* Sie macht sich ganz *frei* und verkauft das Haus in Köniz. Sie mag wieder *Jagd machen nach eigenen und fremden Ideen* und zieht mit ihrer Schwester nach Neuenburg ins Hause eines zweiten Pylades. *Nein,* die *Schwärmerei gilt nicht einem Geliebten, sondern einer Frau, und da meine Liebe zu ihr kein Geheimnis ist, werde ich sie Ihnen nennen:* Marie-Frédérique-Anne de Sandoz, verheiratet mit einem Neuenburger Offizier in niederländischen Kriegsdiensten, geborene de Bada-Dujardain aus Holland, Henriette genannt, oder auch: *Pylades Sandoz.* Sie teilen alles miteinander. Eben kam «*unser*» *Gatte aus Holland heim,* was zu viel Besuch führte, und *als die Ruhe wieder hergestellt war, kam «unsere» Tochter nieder.* *Meine Wahlverwandtschaft* nennt sie es. Bald ist ihre Schwester verheiratet, zieht in ein Schloss am Fuss des Jura. Einen Teil des Jahres verbringt Julie bei ihr, einen andern bei Freunden in Bern, *bald hier, bald dort und immer zusammen mit Frau Sandoz, die beinah ebenso viel Freiheit geniesst wie ich* (die Tochter verheiratet, die Söhne im Kriegsdienst, der Gatte bei seinem Regiment). Die meiste Zeit aber leben sie zusammen in Neuenburg. Die Stadt gefällt ihr, es gibt einen See, Aussicht auf *Berge und Täler mit schönen Häusern,* und *in den Ebenen sieht man Fabriken, herrliche Dörfer.* Wer dafür Kapital hat, fabriziert hier bedruckte Stoffe, «Indiennes» genannt, die nach Frankreich verkauft, aber auch an der afrikanischen Westküste gegen Sklaven getauscht werden. In der Stadt herrscht *Luxus und Überfluss,* manchmal ist ihr das alles zu pompös und eitel, aber meistens gefällt ihr Neuenburg. Das Waadtland ist *unter den Ländern Helvetiens das freieste* und Henriette eine *philosophische Frau* von *anmutiger Beweglichkeit,* hat *schöne Augen, aber über ihrem Ausdruck vergisst man Schnitt und Farbe.*

Doch noch sind Julie Kinder in den Schoss gefallen, *ich liebe sie und sie lieben mich,* von Anfang an können sie schneuzen und sind erzogen. Sie haben auch überlebt, anders als die fünf Geschwister, die ihre Mutter ebenfalls geboren hatte, neben ihr, der Erstgeborenen (am 1. Januar 1732 auf Susanna Juliana getauft), und ihrer Schwester Charlotte Katharina (elf Jahre jünger). Philipp Friedrich lebte einen Monat, Sigmund Emanuel auch nur kurz, Katharina Albertina nicht ganz ein Jahr, noch etwas weniger lang Friedrich, Maria Elisabeth einen Tag. Julie wird am 8. August 1778 sterben, in einem Himmelbett in Neuenburg. Ein Leben lang war sie *beinah immer* krank und hatte dafür *nie Zeit,* für den Husten, die Kopfschmerzen, die angespannten Nerven, das Fieber, die Auszehrung, die Verstimmungen. Sie behandelt sich mit Milch und Mineralwasser, wie es Dr. Haller verordnet, mit Mathematik, wenn sie wütend oder *zum Fassungsvermögen einer Auster hinabgesunken* ist.

Schon 1772 wird die Krankheit anfangen, sich ihre Zeit zu nehmen, also Julie die Ihre zu stehlen. Sie beginnt ihr Werk des Raubbaus.

Aber die Zeit hat ihre Ordnung und das Erzählen die Seine. Noch ist es nicht so weit. Das neue Heim in Neuenburg ist bezogen, und es ist deutlich zu sehen, wie man die Geschichten, die mit dem Leben selbst enden, auf den Kopf stellen kann.

Die Tage der Weisheit sind vorbei, genug der Wissenschaftelei, ich habe den Roman beim Ende begonnen, habe den ganzen Eifer meiner ersten Jugend darauf verwendet und mir Frivolität und Heiterkeit fürs reifere Alter vorbehalten. Jetzt, heute, am 12. Januar 1771, ist Julie frivol und heiter, *glücklich, sehr glücklich und um so glücklicher, als ich weiss, dass ich es bin.* Sie hat gewählt. Keinen Ehemann, dafür eine Freundin mit philosophischem Sinn und Augen so ausdrucksvoll, dass man darüber vergisst, wie schön sie sind. Auch *ihre Haut ist schön, glatt, fein und seidenweich.*

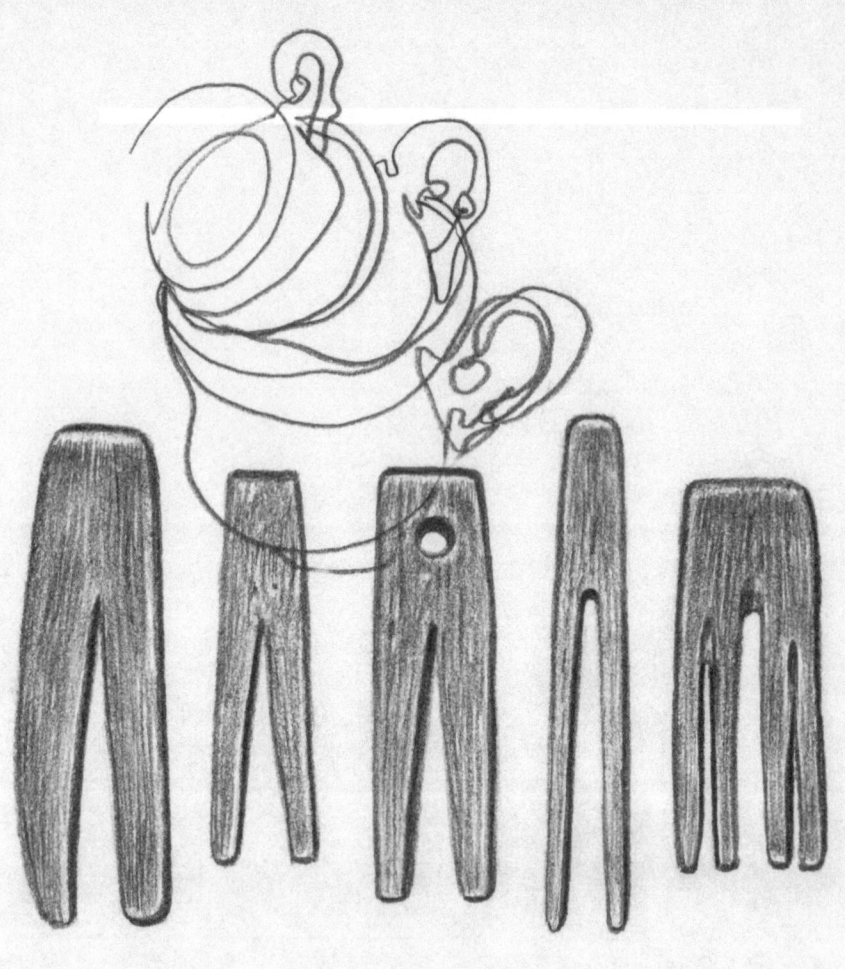

Anna Göldi

Die Kinder der andern

Das erste Verhör dauert vier Stunden. Bis in die Nacht des ersten Frühlingstages dauert es. Zuletzt gesteht sie: Ja, sie habe die Stecknadeln in das Milchbeckeli des Kindes gelegt. Das erste Verhör dauert lang, bringt ihr Gemüt auf und zermürbt es, schon bevor es zur Folter kommt, die noch mehr Worte aus ihrem Körper pressen wird. Mit einem Leckerli habe sie dem Kind Gift eingegeben, sagt sie jetzt, vom Schlossermeister aus dem Dorf habe sie die Süssigkeit erhalten. Sie gesteht dieses und anderes, das sie widerruft und wieder zugibt und anders neu erzählt. Der Teufel sei es gewesen, sagt sie, in der Küche habe er ihr rotgelb gefärbten Wurmsamen und weisses Gift gereicht, ungebeten sei er gekommen, ein wüstes schwarzes Tier, nein, sie habe ihn herbeigerufen, um Mitternacht, dann habe sie alles vermischt und in ein angefeuchtetes Möckli Brot gesteckt. In den Winkelzügen des Verhörs verliert sie sich, greift gescheucht von Fragen nach Farben, Dingen und Konsistenzen, die Wahrheit verbürgen könnten.

Aber welche Wahrheit?

Ein Geständnis reicht nicht, es muss das richtige sein, jeder Widerruf, jede neue Version und jede Rückkehr zu einer alten setzt alles wieder in Gang. Sie wisse nicht, was sie tue, sagt sie einmal, und im Mai steht fest: Sie hat das Kind *verderbet,* mit dem *Leckerli,* weiss war es *unten und oben, am Sonntag an der Kilbi,* im *Magdenkämmerli* hat es ihr der Schlossermeister gegeben und sie hat es dem Kind gereicht.

Nun stimmen die Geschichten überein. Stecknadeln seien in der Milch des Kindes gelegen, neun Mal in fünf Tagen, sagt die Mutter. Alle Tage, sagt der Pfarrer, habe das Kind *Gufen*

53

gespeit, erbrochen, hervorgehustet, auch Nägel, manche mit breitem Kopf, und krumm gebogene Eisendrähte, insgesamt 106 solcher Stücke. Das grösste sei 3,7 Zentimeter lang gewesen, sagt der Vater, die meisten seien mit dem Spitz voraus aus dem Mund gekommen, sagt die Mutter. Krank sei das Kind geworden, schreibt der Arzt, fantasiert habe es, die Muskeln seien ihm erstarrt, alle Glieder hätten gezuckt und das linke Füsschen sei kürzer geworden. Man könne diese Erscheinungen erklären, sagt er, Furcht habe sich von aussen in das kindliche Gemüt geprägt und von innen habe das Metall den Leib gereizt. Das Kind sagt, es habe von der Magd in deren Kammer ein zuckeriges Leckerli erhalten, aus einem Geschirr, in dem auch eine Salbe gewesen sei, der Schlossermeister sei dabei gewesen und noch einer, der ohne Beine und Arme am Boden herumgehampelt sei. Und der Schlossermeister gibt das Rezept preis, als man ihm die Folterinstrumente hinhält: ein Teig aus Stahlspänen und gelben Körnern vom Stein neben der Ankenwaage, vermischt mit Vitriol und dem Weissen vom Ei, gebranntem Gips und Honig, in Kohlefeuer gebacken, mit Eiweiss überstrichen und in Zucker getaucht.

Nun stimmen die Geschichten überein und Anna Göldi, geboren 1734 in Sennwald in der zürcherischen Herrschaft Sax, kann in Glarus gerichtet werden, verurteilt vom evangelischen Rat, hingerichtet mit dem Schwert, am 13. Juni 1782.

Es dauert nicht lang, da spottet man in halb Europa über die Glarner, von denen nun gesagt wird, sie würden noch an Hexen glauben. Wie anders soll man sich einen Reim auf diese Geschichte machen, die das Gericht für die wahre hält, in der sich im Magen eines Kindes gebackene Stahlspäne in Draht, Stecknadeln und Nägel verwandeln und aus dem Mund abgehen? Doch auch in Glarus ist der Straftatbestand der Hexerei längst aus der Blutgerichtsordnung verschwunden, schon seit

1698 gibt es ihn nicht mehr. An einem andern Gericht im Land hat man die Hexenfurcht nur gut zehn Jahre vor dem Göldi-Prozess für einfältig erklärt. Und das Urteil gegen Anna Göldi lautet auf Vergiftung.

Zu welcher Geschichte gehört dieser Prozess? Ist er ein Findling in der historischen Landschaft der Hexenverfolgung, die im 15. Jahrhundert begann und im 18. Jahrhundert nur noch einzelne Ausläufer hatte? An die zehntausend Prozesse gegen Hexerei wurden auf dem Gebiet der heutigen Schweiz geführt. Überall fielen ihnen zunehmend Frauen zum Opfer, insgesamt mehr als die Hälfte, an manchen Orten praktisch nur sie, später auch Kinder. Sie hätten Menschen, Tiere und Gegenstände verdorben, hiess es, das Wetter und die Ernte, im Pakt mit dem Teufel, unter Anwendung von Salben und Pulvern, sie seien Hexen. Im Urteil gegen Anna Göldi aber fällt das Wort «Hexe» nicht. Gehört der Prozess gegen sie deshalb zu einer andern Geschichte, zu derjenigen des von Rechtsbehörden verübten Unrechts? Immerhin war es die Nachricht von Göldis Hinrichtung, die den deutschen Staatswissenschaftler August Ludwig von Schlözer 1783 nach einem *neuen Wort* suchen liess. Es galt zu beschreiben, wie hier eine Unschuldige *vorsetzlich, und so gar mit allem Pompe der heil. Justiz* ermordet worden war, von ebenjenen *Leuten, die gesetzt sind, dass sie verhüten sollen, dass kein Mord geschehe, oder falls er geschehen, doch behörig gestraft werde.* Schlözer nannte es «Justizmord».

Zu welcher Geschichte also gehört dieser Prozess?

Vielleicht ist die Frage anders zu stellen: Was bedeutet es, dass man Anna Göldi nicht als Hexe verurteilte, aber mit ihr verfuhr, als ob sie eine hätte sein können? Behilft sie sich angesichts des Verdachts, der mächtiger ist als sie, mit dem *bösen Geist,* der sie wohl überkommen habe, so fragen die Richter

55

sie nach einem Bund mit dem Teufel. Ob *schriftlich oder mündlich*, wollen sie wissen, wie der Böse aussah und wie oft er kam.

Der Arzt, der das Kind untersucht, will sich nicht von *Aberglauben oder Unglauben* leiten lassen, spricht aber die Frage aus, ob das Gufenspeien eine *natürliche* oder *zauberische* Ursache habe. Und noch vor dem ersten Verhör fordert man Anna Göldi auf, das Kind zu heilen.

Sie will nicht, dann drückt und streckt sie doch den Fuss des Mädchens, erfolglos zuerst im Rathaus, dann nochmals im Haus der Eltern. In der *Magdenkammer* kehrt der Fuss endlich in seine ursprüngliche Form zurück, am Ort, von dem das Unheil ausgegangen ist. Die *Herren Examinatoren* wollen nun nicht befinden, ob *diese gewaltsame Kunstkraft mit dem Namen Zauberei oder Hexerei oder mit einer andern Benennung zu belegen sei.* Aber das Vorgehen war eines nach der Art der Hexenprobe: Verweigert sie die Heilung, beweist es ihren bösen Willen, gelingt ihr die Heilung, beweist das ihre Schuld. Denn so gewaltig ist das Verderben, dass nur die es beheben kann, die mächtig genug war, es herbeizuführen. Nun ist der Fuss wieder heil und Gott könne es nicht gewesen sein, heisst es. Zu dem hätten die Eltern des Kindes nämlich reichlich gebetet. Man lässt den Verdacht einen Schatten werfen, aus dem kein Entkommen ist.

Dass man Anna Göldi nicht als Hexe verurteilte, aber mit ihr verfuhr, als ob sie eine hätte sein können, bedeutet, dass etwas anderes interessanter ist als die Frage, wie man diesen Prozess nennt. Das Fehlen des Worts «Hexe» mag ihn unterscheiden von den Hexenprozessen der vorangehenden Jahrhunderte. Aber auch dieser Prozess bot die Möglichkeit, sich einer Frau zu bemächtigen. Eben dazu hatte sich in den Jahrhunderten davor die Anklage der Hexerei angeboten, verbreitet in einer Zeit, in der man die Frauen für so unmündig befand, dass sogar für ihre Vergehen Väter oder Ehemänner einzustehen hatten. Es sei denn, sie waren Hexen. Schadenzauber konnte einer Frau, die ungeschützt war, überzählig oder unbequem, aus welchem Grund auch immer, direkt zulasten gelegt werden. Dasselbe galt nur noch für den Kindsmord.

Bei Anna Göldi lässt sich Verdacht aus dem Vollen schöpfen. 14 Jahre vor dem Prozess ist sie ins Glarnerland gekommen, ausgerissen aus dem Haus ihrer Schwester, wo sie noch sechs Jahre Zwangsdienst hätte leisten müssen; an der Schandsäule war sie schon gestanden. In seiner ersten Nacht war ihr Kind gestorben, im Pfarrhaus von Sennwald, wo sie Magd gewesen war und das eben Geborene unter Decken verbarg. Heimlich war sie schwanger gewesen, gebar ohne Hebamme. Kein Kindsvater weit und breit. Längst hatte sich dieser nach Holland in den Solddienst abgesetzt, doch auch wenn er bei ihr geblieben wäre, hätte sie nicht mit einer Ehe rechnen können. Bewilligt wurde eine solche nur denen, die ein Auskommen hatten und einen eigenen Hausstand begründen konnten. Anna Göldi aber stand im Dienst, schon vor der Konfirmation hatte sie das Haus ihres Vaters verlassen, der kein Leibeigener war, aber mausarm und acht Kinder zu versorgen hatte.

Seither ist sie eine von vielen, die Grenzen zwischen Gemeinden, Herrschaften und Ländern überqueren auf der Suche nach einem Auskommen im Haus von Verwandten oder Fremden. Noch lange werden Küchen, Ställe und Privatwohnungen die häufigsten Arbeitsplätze derjenigen sein, die für Lohn arbeiten. Im 18. Jahrhundert gehören sie den Häusern an, unter deren Dach sie ihre Arbeit verrichten; noch verschwinden sie nicht als Personen hinter der Dienstleistung. Aber je mehr Stöcke und Gänge zwischen ihren Kammern und dem Wohnzimmer der Familie liegen, desto weniger gehören sie dazu. Sie wissen und dürfen nicht erzählen, sie sehen und haben keine Stimme, sie hören und dürfen nicht sehen, sie bieten sich als Verbündete an und sind schnell verraten.

Wo Anna Göldi im Glarnerland dient, in den Häusern von Herrschaftsfamilien, mehrstöckig, die Schlafstätten der Mägde unter dem Dach, heiss im Sommer, kalt im Winter, ist das Gefälle gross.

Im Haus der Familie Tschudi, die sie beschuldigen wird, ihre Tochter, die acht Jahre alte Anna Maria, genannt Annamiggeli, vergiftet zu haben, ist sie eine von mehreren Bediensteten. Der Dienstherr ist Arzt, Ratsmitglied, auch Richter über Streit unter Nachbarn und um Eigentum. Ein Sittenwächter ist er ausserdem, Mitglied des evangelischen Chorgerichts. Er und seine Frau, wird man im Prozess Anna Göldi sagen, seien *besser als du* und würden gewiss eher Gottes Ohr finden als sie. Sie ist eine von denen, die der Pfarrer von Glarus, auch ein Tschudi, verspottet. Sie seien *blind in die kleinen Freiheitsgenüsse verliebt,* sagt er über die Armen, zu denen die Dienstboten gehören.

Tschudi weiss wohl von den Schriften, die in Europa erscheinen, in denen zu lesen ist, dass keiner besser ist als die andern, nur weil er reich ist und Macht hat. William Godwin zum Beispiel schreibt das, Gefährte von Mary Wollstonecraft, die in diesen Jahren für die Rechte der Frauen kämpft. Er setzt den Hausdienst mit der Sklaverei gleich: In beiden Fällen würden sich die einen des Körpers der andern bemächtigen. Und darauf komme es an, nicht darauf, ob jemand freiwillig oder unfreiwillig in diese Lage gerate. Als die Tschudis Anna Göldi von einem Tag auf den andern aus dem Haus weisen, im Oktober 1781, weil Gufen in der Milch des Kindes liegen, behalten sie ihre Kleider und ihre Ersparnisse zurück. Die

Magd muss umkehren, nochmals an die Tür klopfen. Und warten, bis sie aufgeht.

In den Häusern der Reichen ist das Gefälle gross. Doch die, die ihren Weg durch diese Häuser nehmen müssen, sind auch ein Faden, der durch das Gewebe aus Loyalitäten und Rivalitäten läuft, das die Mächtigen miteinander verbindet. Bevor Anna Göldi zu den Tschudis gekommen ist, hat sie in einem Haus der Heer gedient, dann in einem der Zwickys. Diesen Familien gehören diejenigen an, die das Land regieren, in dem die Gewalten nicht getrennt sind. Sie machen die Gesetze und richten, sie predigen auch von der Kanzel. Eine Frau, die ledig schwanger wird, befinden sie, *ohn alle gnad,* solle *die huoren buss der 8 fl. bezahlen oder in die geringere gefangenschaft gelegt werden.* Kommt sie frei, so soll sie stets *eine rothi kappen* tragen. Ein Mann, der Ehebruch begeht, soll die höchsten Ämter des Landes nicht bekleiden dürfen.

Diese Familien liegen im Streit miteinander, ein Zwicky warnt Anna Göldi, ein Heer verteidigt sie, ein Tschudi klagt sie an, verlangt Einsicht in die Akten und das Todesurteil. Diese Familien werden auch herausgefordert von denen, die sich anstecken lassen von revolutionären Ideen. Einer von diesen ist der Protokollführer im Prozess, der die Gerichtsakten Journalisten zuspielt. Ein anderer der Schlossermeister, dem schon der Anblick der Folterinstrumente das Leckerlirezept aus dem Leib presst und der sich daraufhin in der Haft selbst ums Leben bringt. Bei ihm hat man verbotene Schriften gefunden, die Feindschaft zur Aristokratie nähren.

Alles setzen die Vorgänge um die Magd ins Relief, die Macht der Mächtigen, der Kampf um mehr Macht, der Streit um die politische Ordnung.

Und dann sind da die Ängste derer, die Geheimnisse zu wahren und Gerüchte zu zerstreuen haben. Denn auch in

Häusern, in denen die Mägde weit oben unter dem Estrich schlafen, bilden sie über die Stunden des Tages ein Gefüge mit den Dingen und den Körpern derjenigen, die sie versorgen. Sie waschen den Stoff der Tischtücher und der Kleider, sie bereiten das Essen, sie säubern die Kinder. Der Herrschaft begegnen sie in den Gängen und Zimmern, den Kopf auf gleicher Höhe, dort, wo Blicke ausgetauscht werden, wenn sie die Wäsche durch das Haus tragen, das Essen auftragen, ein gewickeltes Kind übergeben.

Bei den Zwickys war Anna Göldi ein weiteres Mal schwanger geworden, vom Sohn des Hauses. Dieses Kind hatte sie in Strassburg zur Welt gebracht, der Kindsvater hatte dort studiert und es war bekannt, dass in dieser Stadt auch uneheliche Kinder getauft werden. Sie hat es dort geboren und nicht mit sich zurücknehmen können. Bei sich hat sie vielleicht seither eine halbe Münze, ein entzweigerissenes Stoffstück oder einen halbierten Knopf. Gehört jetzt zu den Müttern, die hoffen, dass sie ihren Kindern noch einmal begegnen und sie erkennen, an der andern Hälfte von Münze, Stoff, Knopf – wenn nur die Findelhäuser diese Hälften gut aufbewahren und sie den Kindern auf ihren Weg mitgeben.

Nur wenig älter als das in Strassburg zurückgelassene Kind ist Annamiggeli, als Anna Göldi bei Tschudis den Dienst antritt.

Man wird von ihr sagen, sie sei der Liebling ihrer Eltern und sie und die Magd seien einander nahe gewesen. Beiden ins Gedächtnis graben wird sich der Streit, der entsteht, als das Kind der Magd *wüeste Worte* gibt und ihr *die Kappen abzert*. Man wird hier später den Ausgangspunkt des Unheils finden wollen, immer wieder darauf zurückkommen, hören wollen, dass Anna Göldi dem Kind Böses gewünscht hat und wie sie es tat. Sie aber wird sich festhalten am Kind, in der Not der

Verhöre dessen Geschichten bestätigen, *weylen es das Kind gesagt habe,* wird sie sagen, sage auch sie dies oder das.

Wie könnte sie auch anders. Das Wohlergehen des Kindes, dem sie die Milch reicht, das sie wäscht und dem sie die Kleider hinlegt, bestimmt das Schicksal der Magd. An Fäden hängt dieses Schicksal, so dünn wie aus Seide.

Die Anna seye schwanger, geht das Gerücht in Glarus, noch einmal schwanger, von ihrem jetzigen Dienstherrn, dem Richter, Arzt und Chorherr Tschudi, der bald alle sehen lassen wird, wie seine Tochter Gufen speit in ein weisses Taschentuch, das er ihr vor den Mund hält. Der Dienstherr, der bald alle hören lassen wird, wie das Annamiggeli von einem Leckerli erzählt, das ihr die Magd gereicht habe. Die Magd, durch deren Hände das Essen geht und die deshalb über den feinen Unterschied zwischen Nahrung und Gift verfügt. Zumindest kann man behaupten, dass eine wie sie sich das anmasst, kann sie anklagen und suchen lassen.

Anna Göldi ist da schon weitergezogen. Weg von dort, wo die Berge wie hingesetzt aufragen. Wohin sie sich wendet, steht einer, der mächtiger ist als sie. Sie zieht weiter, noch einmal fängt sie neu an. Sie gelangt ins Untertoggenburg, wo Baumwolle gewebt wird, wo es Arbeit gibt, wo Hände und Beine gebraucht werden für die Milch, das Leinen, die Kinder, wo andere ihr Zuhause haben, nicht die, die wärmt, wäscht und versorgt. Ohne ihre Kinder steht Anna Göldi vor der Tür eines Wirtshauses, trägt einen Jupe in modischer Farbe, darüber eine blaue und eine gestrichelte Schürze, darunter ein blaues Mieder, eine Jacke aus grauer Baumwolle, weisse Strümpfe aus fester Kastorwolle, in die man früher Biberhaare gemischt hat und die nun billiger aus dreifachem Wollfaden gemacht sind, ausserdem ein weisses Häubli unter einer schwarzen Kappe, eine schwarze Handtasche. Gross gewachsen, ein rot geädertes Gesicht, schwarze Haare und Augenbrauen, graue Augen, spricht Sennwälder Dialekt. Sie tritt ein und arbeitet. Am 21. Februar 1782 wird sie erkannt, nach Glarus zurückgebracht und angeklagt. Bald beginnt der Frühling.

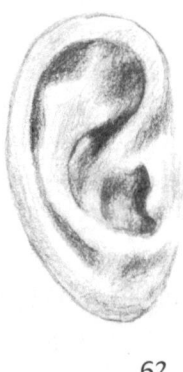
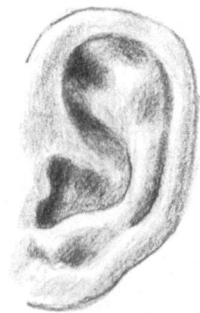

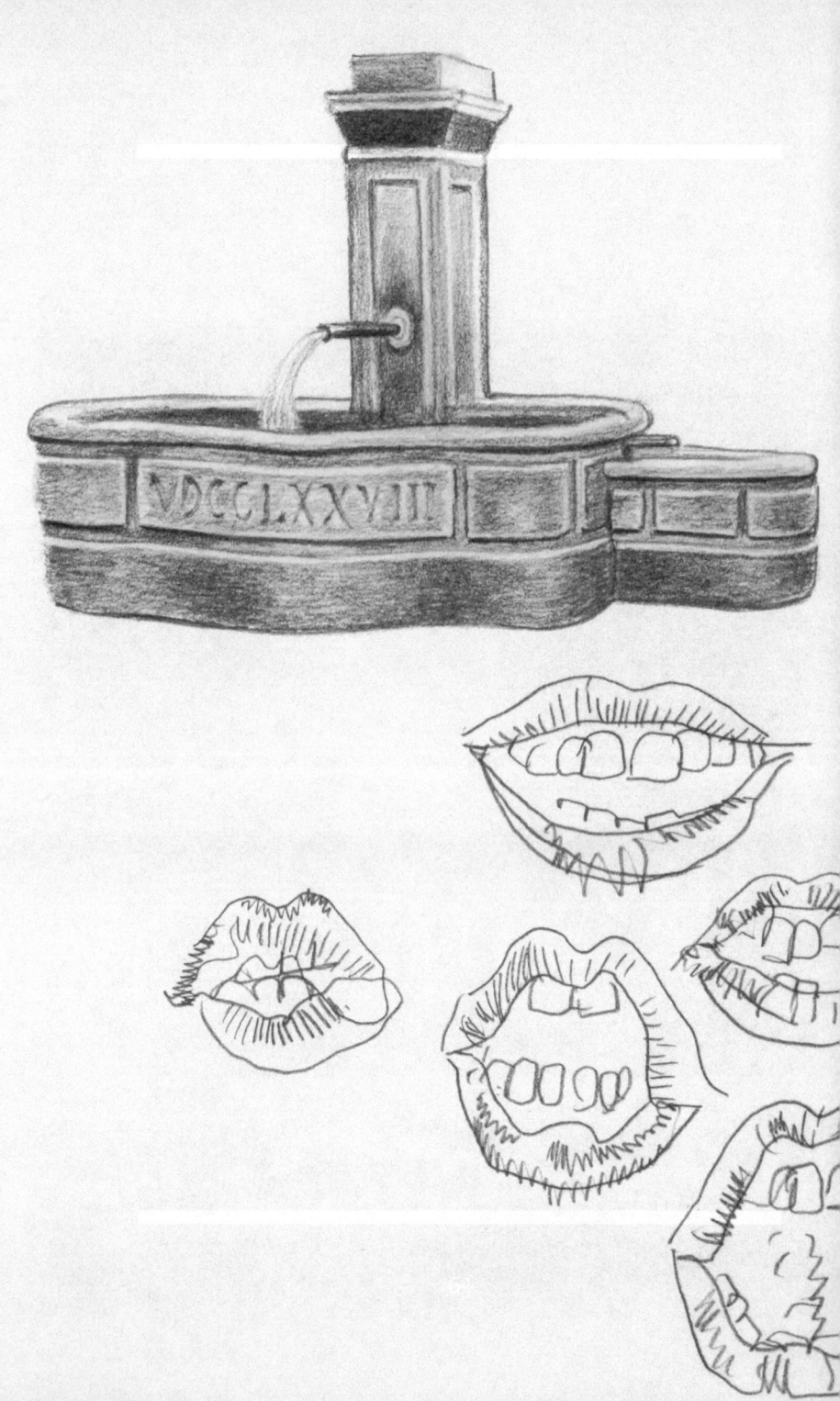

Pauline Buisson

In diesem Land der Freiheit

Einst wussten viele um sie, die einen für die Region und Zeit ungewöhnlichen Vornamen trug und einen Nachnamen, der selten Erwähnung fand.

Die Notablen aus Bern sahen sie, wenn sie im zweitletzten Jahrzehnt ihrer Herrschaft über die Waadt in der etwas ausserhalb von Yverdon gelegenen herrschaftlichen Villa dinierten. Sie wurden dort von ihr bedient, im Salon auf drei Seiten umgeben von karibischen Landschaften. Wandhoch prangten diese an den Mauern, auf Wunsch des Hausherrn, der an solchen Abenden vielleicht die rote Uniform trug, von der man in der ganzen Stadt sprach.

Der Göttinger Gelehrte Johann Friedrich Blumenbach begegnete ihr, als er 1783 nach Yverdon kam, um die in der Villa untergebrachte Naturaliensammlung zu besichtigen. Bei seiner Ankunft im Hof, vielleicht vor dem Brunnen aus grauem jurassischem Kalkstein, stiess er auf ein *rücklings stehendes Frauenzimmer*. Sie war, notierte er, *von einer Schönheit des Wuchses,* die er *auffallend* fand.

Haben die Gäste, die wegen der unmittelbar neben der Villa liegenden, von Thermalquellen gespiesenen Bäder kamen, sie übersehen können? Von Georgiana, der Duchess of Devonshire, wird berichtet, sie sei mit ihrer Entourage im Sommer 1792 in der Villa untergebracht gewesen. Im Park unternahm die Herzogin Spaziergänge, suchte Erholung von einer heimlichen Geburt und nährte Kummer anstatt des Kindes, das sie hinter sich hatte lassen müssen. *Zehn mal am Tag* verbarg sie ihre Tränen. Einmal pflückte sie eine Blume, in der sie, angeleitet von Carl von Linnés Klassifikation des Pflanzenreichs, eine Siliculosa vermutete: die Fruchtbildungsorgane deutlich sichtbar, Staubblätter und Stempel auf einer Blüte, Erstere nicht verwachsen und ungleich lang. Wenn man sie trocknet, aus Stängel und Frucht allen Saft presst, dann zeichnen sich die Wege ab, die der Fluss genommen hat. Wie Tinte auf Papier.

Wer von ihr sprach, setzte an die Stelle ihres Nachnamens eine Bezeichnung, abgeleitet vom portugiesischen «negro»: *négresse,* weibliche Form von «nègre». Man meint damit, heisst es im Dictionnaire aus der Zeit, *alle schwarzen Sklaven, die in den Kolonien arbeiten,* ausserdem umgangssprachlich jemanden, den man *mit grosser Härte und Verachtung behandelt.* So tragen sie die waadtländischen Schreiber in ihre Register ein. Im Jahr 1790, als am 13. Oktober ihr Sohn *Samuel Hypolite Buisson* getauft wird, *fils naturel de Pauline, négresse.* 1826, als sie, *Pauline, négresse originaire de l'Isle de St. Domingue,* am 10. Februar stirbt, *âgée de 70 à 80 ans;* auch der Amtschreiber in Lausanne verzeichnet die Nachricht vom Tod der *Pauline, dite négresse des Bains* und verkürzt die Mutmassung über ihr Alter auf *âgée d'environ soixante et quinze ans.* Noch einmal 1832, als ihr Sohn stirbt, am 16. September, beerdigt zwei Tage später: *Samuel Hypolite, fils de la négresse Pauline, âgé de 42 ans.*

Alle kannten sie ohne Nachnamen und die Behörden im Waadtland registrierten sie dann, wenn es eine Taufe oder einen Tod zu bescheinigen gab. Also überliefern die offiziellen Dokumente: Mutter geworden in Yverdon 1790 *(eher spät,* wie ein Genealoge kommentieren wird), geboren auf einer karibischen Insel, zwischen 1746 und 1756. Man weiss es nicht genau.

Sicher ist: Länger als sie lebte zu dieser Zeit niemand in der Villa, die noch heute als die schönste der Gegend gilt, die man, bevor sie den Namen «d'Entremonts» erhalten sollte, nach dem Grundstück «Les Bains» nannte – ohne sich um

Verwechslungen mit den nebenan gelegenen, etwas abgenutzten Gebäuden der Bäder im Besitz der Gemeinde Yverdon zu scheren. Wer hätte den Prachtbau mit seinen hohen, von gelbem Neuenburger Kalk eingefassten Fenstern nicht von diesen zu unterscheiden gewusst, neu und elegant, wie er war, bald auch «Bains neufs» genannt. Acht Jahre hatte es gedauert, bis der letzte Stein gefugt und das allerletzte Zimmer mit kostspieligen Möbeln ausgestattet war. Und niemand lebte länger dort als sie, die in den 1770er-Jahren von Saint-Domingue nach Yverdon gekommen war und 1826 dort verstarb. *Am zehnten des laufenden Februar, um neun Uhr abends,* wie der Amtsarzt rapportiert.

Zu dieser Zeit ist der Yverdoner Ast der noblen und weitverzweigten Familie der de Treytorrens längst ausgestorben. Zuletzt waren sie noch zu dritt gewesen. Alle unter dem Dach der Bains neufs. David-Philippe de Treytorrens, geboren 1721, genannt *le Chevalier,* vom französischen König mit einem Orden ausgezeichnet, bekannt für seine Beteiligung an der Niederschlagung eines Sklavenaufstands auf Saint-Domingue: verstorben 1788. Sein älterer Bruder Jean-Rodolphe de Treytorrens, geboren 1715, genannt *le Capitaine,* Besitzer einer Naturaliensammlung, hatte einige Zeit in Marseille gelebt: gestorben 1791. Die Schwester Rose Madeleine de Treytorrens, nie verheiratet, lebte 20 Jahre an der Seite ihrer Haushälterin und Freundin Marie Vulliemin: 1801 aus dem Leben geschieden. Auch der in der Villa untergebrachte Cousin der Geschwister, der tiefgläubige Frédéric Haldimand, Veteran der britischen Kolonialarmee und ehemaliger Gouverneur der Provinz Québec, lebte schon lang nicht mehr; er war im selben Jahr wie der *Capitaine* gestorben. Schliesslich Marie de Treytorrens: 1720 auf Saint-Domingue als Marie Letort (oder Lefort) geboren, Witwe von David-Philippe de Treytorrens, 1802 verschieden.

Seither ist ein de Treytorrens aus Payerne Hausherr in den Bains neufs. Da, wo er herkommt, nennt man ihn nun Henri de Treytorrens des Bains, Erbe einer Villa, die ihre Geschichte erzählt.

Im gegen die Stadt gerichteten Ziergiebel schütten Füllhörner Reichtum aus, flankiert von Fahnen, einem Gewehr mit Bajonett, einem Schiffsanker und einem Dreizack. Mit einem Schiff also beginnt diese Erzählung, ein Schiff, das einst den Bauherrn David-Philippe de Treytorrens wohlhabend und wohlbehalten über den Atlantik zurück nach Europa gebracht hatte. Von ihm hat Henri de Treytorrens nicht nur eine Waadtländer Villa geerbt, sondern auch Anspruch auf Geld aus Saint-Domingue.

Noch ist das Füllhorn mehr als steinerne Reminiszenz. Zwar ist der Geldfluss ins Stocken geraten: 2000 Francs jährlich hätte Henri de Treytorrens zugute, ursprünglich eine Rente für Marie de Treytorrens, geborene Letort, als Erbteil aus der väterlichen Zuckerplantage. Der Anspruch wird vererbt, doch in der Kolonie rebellieren die Sklaven. Die Revolution gelingt, 1804 wird aus der französischen Kolonie eine unabhängige Republik, die nun Haiti heisst – «Ayiti», das *bergige Land,* wie die Taíno die Insel genannt hatten, bevor Kolumbus sie Hispaniola taufte. Der Geldfluss nach Yverdon kommt ins Stocken, aber er versiegt nicht. Zwei Erbgänge später, mitten im 19. Jahrhundert, erreicht er zwei Kinder. Beide sind nun Gläubiger der haitianischen Republik.

Eines dieser Kinder ist Edmond Tissot, späterer Bankier und Philantrop. Er wird sich als Erwachsener bemühen, herauszufinden, wie es zugegangen war, dass sich ein Ausstand von 22 000 Francs Rentenzahlungen von karibischen Verwandten in eine Schuld der Republik Haiti verwandelt hatte, die sich 1843 noch auf 4842,49 Francs belief und 1878 beglichen war. Von

Peripetien, deren Details sein Adressat besser kenne, handle diese Geschichte, schreibt Tissot in den 1890er-Jahren an Jean-Louis Janvier, Schriftsteller und Sekretär der haitianischen Botschaft in London. Von einem Geschehen also, bei dem unversehens Glück in Unglück und Unglück in Glück umschlägt. (Oder bei dem das Unglück der einen und das Glück der andern ihre Plätze tauschen?) Er rekapituliert: wie die Plantagenbesitzer auf Saint-Domingue enteignet worden seien, nachdem sich 1793 und 1794 die Sklaven erhoben hätten, wie dann Frankreich 1825 die Republik Haiti zu 150 Millionen Francs Entschädigungszahlungen an die ehemaligen Kolonisten verpflichtet habe, wie davon *nur ⅕* bezahlt worden sei, worauf 1838 schliesslich ein neuer Vertrag die verbleibende Summe halbiert habe. Es gibt also die Wechselfälle der Geschichte, und es gibt Verträge, die sie vollziehen.

Diese Verträge verkehren die Freiheit, die die einen (der französische Staat, die Plantagenbesitzer) den andern (der Republik Haiti, den Versklavten) schulden, in Geld, das diese ihnen schulden. Man wolle durchaus würdigen, schreiben die französischen Juristen gut 20 Jahre nach den Ereignissen auf Haiti, wie aus einem *beklagenswerten Kampf der Schwarzen gegen ihre Herren* bemerkenswert rasch eine *Nation* hervorgegangen sei und halte *die Wunden der Revolution* für *verheilt.* Doch die *Ungerechtigkeit der Enteignung der Kolonisten* harre noch der *Wiedergutmachung.* So begründen sie ein Vertragswerk, das die Freiheit der ehemaligen Sklaven mit den Gütern der ehemaligen Kolonisten verrechnet, aber nicht diese Güter mit den dafür verbrauchten Menschenleben, obschon man diese wie Güter behandelt hat. Und das weiterhin tut: Im Vertrag von 1825 wird ihr Wert auf Francs beziffert; am meisten Entschädigung gibt es für die verlorenen Sklaven der Zuckerplantagen. 450 für jeden der *ersten Klasse,* 415 und 380 für solche der zweiten und dritten.

Ein Taschenspielertrick. Teilt die Karten neu aus, als wäre etwas und doch nichts gewesen.

Aber in Haiti sind Verfassungen geschrieben worden: *Auf diesem Boden kann es seit 1801 keine Sklaverei mehr geben,* ist *die Knechtschaft auf immer getilgt.* Aus Sklaven werden Lohnarbeiter und Staatsbürger, die Verfassung von 1805 nennt sie *Brüder.* Auch diese Republik ist männlichen Geschlechts, denn *keiner ist würdig, ein Haïtianer zu sein, der nicht ein guter Vater, ein guter Sohn, ein guter Ehemann und vor allem ein guter Soldat ist.* Das unterscheidet Haiti nicht von den europäischen Republiken. Was das Land von diesen unterscheidet: Seine Bürger tragen alle den Namen einer Farbe, wie auch immer sie aussehen und von wem auch immer sie abstammen. Jeder, der auf diesem Boden geboren wird, und sei es von einer *weissen Frau,* ist gleich und heisst gleich. *Fortan gibt es für die Haïtianer nur eine allgemeine Bezeichnung: Noirs.*

Als die Amtsschreiber in Yverdon und Lausanne den Namen «Pauline» in Registern verzeichneten, ohne einen Nachnamen, der sie als das Kind von Eltern ausgewiesen hätte, stattdessen mit einer Bezeichnung, die Menschen auf ihre Haut festlegte und sie der Härte und Verachtung preisgab – wussten sie da, dass ein Land existierte, in dem jeder Bürger, unbesehen seiner Hautfarbe, ein Schwarzer war? In dem nun an die Bezeichnung *noir* all die Rechte geknüpft waren, die denen, die man *nègres* genannt hatte, geraubt worden waren?

Pauline Buisson war als *négresse,* nicht als *noire* nach Yverdon gekommen, und sie war eine Frau, kein *Bruder,* wie die Bürger in Republiken einander nannten. Ihren Sohn Samuel brachte sie unverheiratet zur Welt. Kein Rechtsband verband ihn mit seinem Vater (ein Dienstbote aus Frankreich), und was hätte er von ihr empfangen können? Dass seine Mutter ihn in der Waadt gebar, machte ihn nicht zu einem waadtländischen Bürger. Einmal, Samuel ist sieben Jahre alt, erwägt die Gemeinde Yverdon, ob er wegzuweisen sei. Länger als sein ganzes Leben lang werden sich alle miteinander streiten, ob ihm eine Bürgerschaft zustünde und wem es zukäme, ihm eine zu geben. Es hat 1791 begonnen, das Kind war einjährig, da wiesen die Berner Obrigkeiten ein Gesuch von Marie de Treytorrens, zu diesem Zeitpunkt Witwe des *Chevalier,* zurück: Sie hätten sich beraten und das Ansinnen *für nicht gut befunden.* Später kommt es darüber zu einem Zwist zwischen Henri de Treytorrens und der Gemeinde Yverdon. Als Samuel mit 42 Jahren stirbt, dauern die Rechtsstreitigkeiten über die Kosten seiner nie erfolgten Einbürgerung an.

Das Dossier ist zentimeterdick.

Ein Register schafft Ordnung, und die Argumente der Anwälte lassen eine Frage in die Vergangenheit ragen: Warum hat nie jemand nach Heimatrechten der Mutter gefragt? Sie war als Sklavin auf Saint-Domingue geboren worden und hatte als Hausangestellte in Yverdon gelebt, so viel war klar. Aber hatte ihre Ankunft *in diesem Land der Freiheit* sie frei gemacht? Bis wann war ein Haus so gut gewesen wie ein Staat, um jemandem eine Zugehörigkeit zu geben? Im Register ergänzt ein Schreiber die Personalien von *François Mida de St. Domingue chez les Treytorrens des Bains,* der auf die gleiche Weise wie sie nach Yverdon gelangt war. Vor dem Zeitalter der Polizei und Papiere gehörten Menschen zu Häusern und ein *chez* konnte den Aufenthalt an einem Ort rechtfertigen. Aber wenn diese Menschen erworben worden waren, als wären sie Waren gewesen, ersetzte das *chez* auch die Sklaverei oder setzte es sie fort? Hatte David-Philippe de Treytorrens eine Sklavin und einen Sklaven befreit, als er sie nach Yverdon brachte?

Ein Rätsel, Juristenfutter. Sicher aber hatte er gegen das französische Gesetz verstossen. Erst nachträglich nämlich, nach Ankunft in seiner Heimat, stellte er das Gesuch, das die Kolonialbehörden verlangten, wenn jemand eine Sklavin oder einen Sklaven mit sich nehmen wollte. Ihm wurde nicht stattgegeben.

Doch Pauline Buisson und François Mida bleiben. Sie schöpft Wasser im Hof, bedient Notablen aus Bern, lebt von allen am längsten in der Villa. Bald sterben der *Chevalier* und der *Capitaine*, nun herrschen Frauen in den Bains neufs: Madeleine de Treytorrens, der die Villa jetzt gehört, Marie de Treytorrens, geborene Letort, die hier wohnen bleibt, Marianne Vulliemin, die dem Haushalt vorsteht. Sie vermieten Zimmer an die Gäste der Thermalbäder, in Paris verliert der König seinen Kopf, auch Olympe de Gouges, die dort die *Rechte der Frau und Bürgerin* verkündet hat, in Saint-Domingue erheben sich die Sklavinnen und Sklaven, ein Kaiser befreit die Waadt von der Berner Obrigkeit und unterwirft Europa. Keine Herrschaft mehr, die sich nicht rechtfertigen muss, neue folgen auf alte, alte gehen unter oder werden neu begründet. Und in den Bains neufs zu Yverdon ist ein Jahrzehnt der Frauen angebrochen.

Als es zu Ende geht, wird nichts an Pauline Buisson fallen, aber in den Testamenten fällt ihr Name.

Zusammen mit Grundstück, Haus und Möbeln reichen die Sterbenden eine Verpflichtung an die Lebenden weiter. *Mit Menschlichkeit,* verfügt Madeleine de Treytorrens, sollen ihre Schwägerin Marie de Treytorrens und ihr Erbe Henri de Treytorrens *für François, für Pauline und ihren Sohn* sorgen. Bald stirbt auch Marie de Treytorrens. Ihr letzter Wille ist, dass Henri de Treytorrens Pauline Buisson bis zu ihrem Lebensende mit allem Notwendigen versorge und ihrem Sohn eine Ausbildung verschaffe.

Sie also bleibt und bleibt.

Eine Frau aus dem Städtchen wird viel später zu berichten wissen, wie man sie singen hörte, *les chansons des noirs,* erinnert sie sich, und dass sie ihr als Kind *gerne zugehört* hatte.

Vielleicht war sie da jeweils auf dem Heimweg, von Yverdon her flussaufwärts dem Buron entlang. Vielleicht wurde sie nicht nur herbeigerufen, wenn es in den Bains neufs ein Kleid anzulegen, Töpfe zu reinigen oder Essen aufzutragen gab, sondern auch aus andern Häusern der Stadt oder der Region. Wenn der Bauch einer Frau sich wölbte. Oder Monate später, wenn Hände gefragt waren, die ein Kind zu empfangen und zurückzugeben wussten. Von Frauenschoss zu Frauenschoss geht das Menschenkind im Moment seiner Geburt, und von ihr wird berichtet, sie sei *weit und breit in der welschen Schweiz als die beste Hebamme berühmt.* Die Aussage stammt von Johann Friedrich Blumenbach, der 1783 bei seiner Ankunft in den Bains neufs auf sie stiess und, als sie sich umdrehte, *frappiert* ein Gesicht zur Kenntnis nahm, das *durchaus – selbst in der Nase und in den etwas stärkern Lippen – doch sogar nichts auffallendes, geschweige denn unangenehmes hatte, dass die gleichen Züge bey einer weissen Haut gewiss allgemein gefallen haben müssten.* Seit diesem Tag führt Blumenbach eine Liste.

Er teilt sie im Jahr 1787 mit dem gelehrten Lesepublikum. Musiker, Akademiker und Dichterinnen ohne Namen, andere mit: Francis Williams, dichtet in Latein, Ignatius Sancho, berühmter Briefschreiber, Jacobus Eliza Johannes Capitein, Schriftgelehrter, Antonius Guilielmus Amo Guinea, Dozent und preussischer Hofrat in Wittenberg. Auch Mediziner sind aufgeführt, ein Meteorologe namens Lislet und natürlich *die Hebamme von Yverdun* mit ihrer *feinen geübten Hand.* 1790 kommt Angelo Soliman, Gesellschafter am Fürstenhof in Wien dazu, 1806 der Wiener Freidig, ein *meisterhafter Conzertist auf dem Violin und der Violine und als ein sehr braver Zeichner bekannt,* aus

73

Russland der Mathematiker und Artillerieobrist Hannibal, aus Maryland ein gewisser Fuller, auch Mathematiker, dann der Astronom Benjamin Banneker, weiter der Prediger Madoks, der Briefeschreiber Gustavo Vassa, die Dichterin Phillis Wheatley aus Boston.

Der Naturforscher und Anthropologe Blumenbach liest nun also Gedichtsammlungen und Briefbände, wenn er nicht Schädel aus allen Weltregionen sammelt, Gesichtswinkel vermisst und vergleicht. Bei der einen wie der andern Tätigkeit verfolgt er dieselbe Frage: Teilt sich die Menschengattung in *Varietäten* und wenn ja, warum? Was unterscheidet diese voneinander und gibt es unter ihnen eine Rangordnung? Blumenbach legt sich auf fünf Varietäten fest: Kaukasier, Mongolen, Malaien, Äthiopier, Amerikaner. Und immer mehr ist er von zwei Sätzen überzeugt, die er seit der Reise nach Yverdon mit sich herumträgt: Erstens herrsche unter den Angehörigen der afrikanischen Varietät *ebenso viele, wo nicht mehr Verschiedenheit* wie zwischen den Varietäten. Zweitens schienen die *natürlichen Geistesanlagen und Fähigkeiten* der afrikanischen Varietät *gerade um nichts dem übrigen Menschengeschlechte nachzustehen.* Alle sind bildungsfähig, heisst das, ungeachtet ihrer Zugehörigkeit zur einen oder andern Menschenvarietät.

Doch hätte Pauline Buisson in Yverdon das Hebammenseminar besuchen dürfen?

Am 6. Januar 1778 hatte es im Wirtschaftsgebäude der Thermalbäder seine Tore für *Burgerinnen* und *Landeskinder* geöffnet. Der Gemeindestreit über die Kosten für das Holz hatte sich beilegen lassen, und so bezogen im Februar an einem Wintermontag 18 Frauen ihre Logis, schräg gegenüber dem Wohnsitz der de Treytorrens, unter dem Arm die Bettwäsche, die jede selbst mitzubringen hatte. Jeanne, Louise, Marie, Françoise, Marianne – der Name Pauline findet sich nicht auf den Listen der Schulabgängerinnen. Auch verzeichnet sie keines der Hebammenregister, die bald überall im Land erstellt werden, weil die Behörden sich haben aufrütteln lassen von den Ärzten, die von *ungeschickten und verwegenen* Händen berichten, wie sie aus Unwissenheit Kinder *siech* machen und Mütter *misshandeln.*

Hat Blumenbach etwas missverstanden, ist einem Scherz aufgesessen?

Ohne Vorankündigung taucht er in den Bains neufs auf, ein Neugieriger unter vielen, und besichtigt, wie seine Gelehrtenkollegen tratschen, *irgend ein Cabinetchen.* Die Hausherren der Villa beachten ihn kaum, er bleibt nur kurz. Möglich ist es, dass er nachher alles miteinander vermischt: die hochgewachsene Frau in der Villa, die ihn so beeindruckt hat, mit der Yverdoner Hebammenschule, die sich unterdessen in Orbe befand, aber direkt neben den Bains neufs vom berühmten Arzt Jean-André Venel gegründet worden war. Doch Blumenbach hatte einen Freund und Vertrauten in der Gegend, von dem er sich später berichten liess, ob sich die *Hebamme von Yverdun* wohl befand und mit wem sie Umgang hatte – hätte ihn dieser Freund im Irrtum gelassen?

Die Register: Sie ist noch in keinem gefunden worden, aber eine ledige Hebamme hätte man kaum eingetragen. Und sowieso blieben die Register lückenhaft. In Yverdon, vermerkt ein Berichterstatter 1787, gebe es Frauen, *die sich ganz ohne Ausbildung in die Geburtshilfe einmischen, ohne über einen Titel zu verfügen oder einen zu solchen auch nur anzustreben.*

Schliesslich: die Hebammenschule. Hätte sie ihr überhaupt etwas beibringen können?

Auf Saint-Domingue in der Karibik ist es schon längst verboten, ohne Zertifikat als Hebamme zu praktizieren. Seit 1757. Da war Pauline noch Kind, Tochter verschleppter Eltern aus Westafrika, und Leben wie das ihre wurden nach Klassen sortiert und auf Francs beziffert. Mit siechen Kindern verfällt hier das Kapital von Sklavenhaltern. Hände und Füsse, Arme und Beine, die Zuckerrohr schneiden und pressen, Baumwolle pflücken, schnell, aber nicht zu hastig, gewässerten Indigo stampfen. Der Handel mit Menschen stockt in diesen Jahren, sie werden zu teuer und es kommen zu wenige an, zu viele sterben unterwegs, die andern bringen Pocken vom Schiff mit, ziehen sich Wunden zu an den blossen Füssen und Infektionen, Gelbfieber und Tuberkulose haben ein leichtes Spiel. Also belohnt man Mütter für jedes Kind, das in die Unfreiheit geboren wird. Verliert eine schwangere Sklavin ihr Ungeborenes, legt man ihr schwere Eisenketten um den Hals, bis sie wieder in Erwartung kommt und ein Kind gebärt, Arme und Beine, Hände und Füsse für das Feld, die Mühle, den Topf.

Um die Körper zu erhalten, braucht es auf den Plantagen Krankenpflegerinnen, Heiler und Kräutermediziner, Geburtshelferinnen. Ist eine Hebamme tüchtig, so erhält sie eine vorübergehende Freiheit innerhalb der Plantage, die *Liberté de la savane,* und einen kleinen Garten. 1764 schickt der französische König Hebammen auf die Insel, doch die kann man dort nicht brauchen. Sie kennen die Wirkung des Aprikosenbaums nicht und zu wenig haben die Körper in Nantes, Lyon und Bordeaux gemeinsam mit denen in Saint-Domingue. Man unterscheidet hier zwischen den *grands blancs,* den *petits blancs,* den *affranchis* und den *esclaves* oder, in deren Sprache, zwischen den *blancs-blancs,* den *blanchets,* den *faux blancs* und den *nègres-blancs.* Aber man unterscheidet auch zwischen den *Créoles,* die auf der Insel geboren sind, und den *Transplantés,* die hergekommen sind; Letztere heissen, wenn sie Sklaven sind, auch *Bossales.*

Quer zu allen andern liegt diese Unterscheidung nach dem Geburtsort: sie teilt in zwei Hälften und erklärt, warum schwarze Sklavinnen ihre weissen Herrinnen entbinden können, aber den aus Frankreich angereisten Hebammen weder die einen noch die andern anzuvertrauen sind. Sie wissen nicht, heisst es, dass auf der Insel die Flüsse der Körper andere Gezeiten haben, dass hier, wo der Äquator nahe ist, der Mond das Blut stärker an sich zieht, auch die Kinder, die deshalb leichter geboren werden.

Die Körper also sind frei oder unfrei, von schwarzer oder weisser Hautfarbe, aber ihre Eigenschaften enstehen aus dem Klima, in dem sie gedeihen und verderben. Dass sie dieselbe Luft atmen und dieselben Früchte essen, dass sie an derselben Hitze oder Kälte teilhaben, macht sie einander ähnlich.

In Yverdon gibt es zwei Kreolinnen.

Nicht nur Pauline Buisson ist auf Saint-Domingue geboren. Auch ihre Herrin Marie de Treytorrens, Ehefrau des *Chevalier*, Tochter des Gilles Letort, selbst kreolischer *blanc-blanc*, Plantagenbesitzer und Arzt. Was teilen die beiden Frauen in Yverdon miteinander, eine *grande blanche* und eine *esclave*, weit weg vom Äquator? Beide müssen sich gewöhnen an die Nebel, die vom See her kommen, und die Kälte im Winter, an Jahreszeiten. Erinnern sie dieselben Gerüche, dasselbe Licht?

Fast ein Jahrhundert später zeichnet ein waadtländischer Pfarrer Stammbäume, verzeichnet Geburten, Todesfälle und Heiraten im Geschlecht der de Treytorrens, wie Allianzen geschlossen wurden und Namen und Güter weitergereicht. Einmal stockt er, streicht durch, legt das Heft beiseite und setzt auf einem Zettel neu an, lässt sich nicht beirren von der genealogischen Konvention, gemäss der jene auszusortieren sind, die nicht Namen oder Abstammung teilen. Der Fluss der Notizen führt alles mit sich, was er erinnert oder in Erfahrung bringt: über eine Pauline Buisson, die man nicht mit Nachnamen rief, wie sie nach Yverdon kam, wo die Kinder sie singen hörten. Seine Mutter war eine von ihnen.

Er klebt den Zettel in sein Heft, eine halbe Zwischenseite, dicht beschrieben, setzt eine kleine Arche in den Fluss der Zeit, gegen das Vergessen.

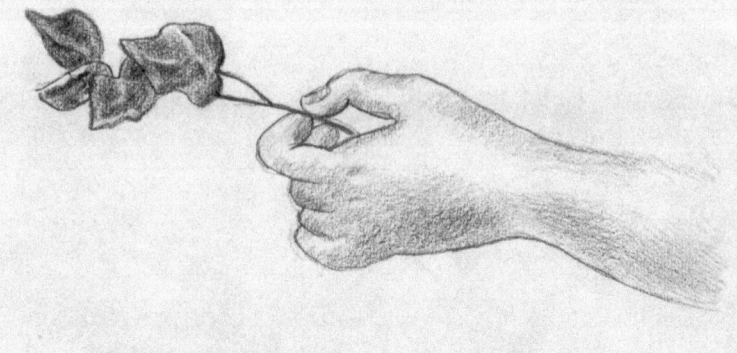

Germaine de Staël

Wie zwölf Männer

Sie hat alles getan, um in Paris zu bleiben. Oder um dahin zurückzukehren. Im September 1792 harrt Germaine de Staël aus, bis fast zuletzt. Ein paar Wochen zuvor haben Aufständische die Tuilerien gestürmt, da ist sie abends zu Fuss durch die Strassen der Stadt gegangen, auf der Suche nach Neuigkeiten, vorbei an Toten. Seither befindet sich die Königsfamilie im Gefängnis, und sie beschafft ihren aristokratischen Freundinnen und Freunden falsche Pässe. Sie bleibt, sie weiss um ihre Privilegien und versteht, dass andere das Brot nicht bezahlen können. Sie will an die Möglichkeit eines Ausgleichs glauben, dass die Revolution das Land ins Lot bringen könnte. Jetzt aber, Anfang September, überschreiten Truppen der europäischen Monarchien die Grenze zu Frankreich. In Paris richten sich die Waffen auf alle, die für Gegner der Revolution gehalten werden. Erst jetzt geht auch sie, am ersten Tag des Septembermassakers. Sie ist hochschwanger, man lässt sie passieren, sie bemerkt das Blut an den Armen derer, die ihre Kutsche kontrollieren.

Im Mai 1795 kehrt sie zurück, noch bevor ein paar Tage später das Revolutionstribunal aufgehoben wird. Frankreich ist jetzt eine Republik. Der König ist tot, auch die Königin wurde hingerichtet, Napoleon siegt auf den europäischen Schlachtfeldern, in Paris wird gerungen um eine neue politische Ordnung. Parteien links, Parteien rechts. Zu welcher gehört Madame de Staël, die durch Heirat zur Baronin geworden ist und Ideen über die Verfassung einer guten Republik hat? Man verbannt sie aus Paris, aus Frankreich, lässt sie wieder herein, nicht immer in die Stadt, der sie sich bisweilen nur nähern darf. Sie kommt ihr jedes Mal so nahe, wie es nur geht, auch als Napoleon, der General, den sie einen *Ideenfeind* nennen wird, sich anschickt, die Republik zu beenden. Einmal schmeichelt sie ihm, um bleiben zu können. Dass sie dafür auch ihren Einsatz für die Pressefreiheit aufgeben müsste, merkt sie zu spät. Schon ist ihr Paris wieder verschlossen. Im Februar 1803 vergrössert Napoleon, nun Konsul, die Distanz zwischen ihr und der Stadt. Von acht auf vierzig Wegstunden. Sie ist da schon auf der Reise. Für einmal hat sie aufgegeben, bald wird sich der Konsul eine Krone aufsetzen. So lange ich lebe, wird der neue Kaiser sagen, kehrt diese Frau nicht nach Paris zurück. Ihre Bücher dürfen in Frankreich nicht erscheinen, besonders nicht dieses eine über Deutschland, in dem sie ihn nicht vorkommen lässt. Es ist bereits gedruckt, man schreibt das Jahr 1810, sie wartet ausserhalb von Paris und hofft auf Einlass. Aber sämtliche 10 000 Exemplare werden vernichtet, sie kehrt um. Immer schneller wird nun der Takt: Im Frühling 1814 wird der Kaiser verjagt und sie kann nach Paris zurückkehren; fast genau ein Jahr darauf zieht er wieder in Paris ein und sie muss die Stadt verlassen. Aber schon im Sommer wird er endgültig verbannt, in Frankreich regiert wieder ein König der Bourbonen und Germaine de Staël kehrt zurück. Nach Paris.

Sie hat alles getan, um nach Paris zurückzukehren. Aber immer war Schloss Coppet da.

Das *Château de Coppet* liegt am Genfersee, etwas näher bei Nyon als bei Genf. Jedesmal verlegt Germaine de Staël ihren Wohnsitz dorthin, wenn sie Frankreich verlassen muss. Das Schloss ist kein Erbstück. Ihr Vater Jacques Necker, leidenschaftlicher Protestant und Genfer Bürger, hat es 1784 gekauft, mit dem Vermögen, das er sich in Paris als Bankier erworben hatte. Ihm hatte der französische König seine Finanzen anvertraut, auch die Aufständischen haben auf ihn Hoffnung gesetzt, doch bald hat sich das Versprechen der Gleichheit nicht mehr auf die Grösse einer Finanzreform bringen lassen.

Seit Herbst 1790 lebt Necker in Coppet, aus der Gunst aller Parteien gefallen, verehrt nur von der Tochter. Zwischen Mutter und Tochter dagegen hat sich ein Graben aufgetan, er ist tiefer kaum denkbar. Zuletzt lässt Suzanne Curchod, Jugendfreundin der Julie Bondeli, ihre Tochter Germaine nicht an ihr Totenbett.

Vor verschlossener Tür spielt diese Klavier, während die Mutter stirbt, bis in ihre letzte Stunde verärgert über ein Kind, das sich Liebhaber um Liebhaber nimmt und missachtet, was seine Mutter über die Pflicht zur Treue in Liebesdingen denkt. Sie stirbt und wird in einen Glassarg gelegt, er ist gefüllt mit Alkohol. Jederzeit und noch lange soll ihr Mann sie betrachten können, so wollte sie es. Die Tochter mokiert sich: *So verstehe ich den Wunsch, erinnert zu werden, nicht.*

Aber sie versteht doch. Wie könnte sie nicht verstehen, sie schaut hin und schreibt: *In den Monarchien haben die Frauen den Spott zu befürchten, in den Republiken den Hass.* Immer sind sie ausgestellt, ist ihnen der Weg auf einen schmalen Grat gewiesen. In der alten Gesellschaft sind Konventionen alles, sogar für den Bruch gibt es Regeln. Eine Spur links und ein Haarbreit rechts davon droht Lächerlichkeit. Wie kann eine wissen, ab wann nicht mehr gilt, dass sich ihr Wert an der Schönheit ihres Körpers bemisst? An welchem Geburtstag, zu welcher Tagesstunde, ist der Tod dieser Zeitpunkt? In der neuen Gesellschaft ist der Grat immer noch gleich schmal. Aber links und rechts werden nun Mauern hochgezogen, wo vorher Abgründe lagen: Die Revolutionäre verbieten den Frauen das Wort und die Versammlung, ihre Frivolität beflecke die republikanische Tugend, monieren sie. Die Männer halten es jetzt für nützlich, *die Frauen auf die absurdeste Mittelmässigkeit zu reduzieren.*

Vielleicht ist es ein Übergang? Ein neues Jahrhundert beginnt, und warum nicht hoffen, dass aus dem Durcheinander etwas Neues und Gutes entsteht. Dass sich ein Fenster öffnet oder eine Tür, durch die Frauen gehen können, vor der sich Himmelsrichtungen auftun. *Die Existenz der Frauen in der Gesellschaft ist noch ungewiss,* schreibt Germaine de Staël. Nichts ergibt Sinn: *Der Wunsch zu gefallen spornt ihren Geist an, die Vernunft rät ihnen, nicht aufzufallen; ihre Erfolge sind so willkürlich wie ihre Rückschläge.* Alles ist verkehrt: *Was den einen gelingt, geht den andern verlustig; manchmal schaden ihnen ihre Vorzüge, manchmal nützen ihnen ihre Unzulänglichkeiten; einmal sind sie alles, ein andermal sind sie nichts.* Aber noch nichts ist ganz entschieden. *Im aktuellen Zustand* gehören die allermeisten von ihnen *weder der Ordnung der Natur noch jener der Gesellschaft* an. Wann wird sich der Gesetzgeber um die Bildung, die Rechte, die Pflichten und das Glück der Frauen kümmern?

Vorerst kommt es anders: Napoleon lässt seine Juristen arbeiten. Sie setzen sich hin und schreiben ein Zivilgesetzbuch, das die Frauen für unmündig erklärt. Alle Frauen. Die verheirateten und die unverheirateten, die reichen und die armen, die Töchter, Schwestern und Mütter. 1804 tritt es in Kraft, der *Code civil des Français.* Vierzig gewonnene Schlachten, wird der Kaiser später aus der Verbannung verlauten lassen, seien nichts gegen dieses Buch, das 1807 offiziell auf seinen Namen getauft wird, also fortan *Code Napoléon* heisst. Das ewig gültige Buch, seine Siege würden sämtlich vergessen gehen, prognostiziert er, ausser diesem einen.

Ebenfalls 1804 ist Germaine de Staël nach Italien gereist und hat sich die Geschichte einer Art Frau ausgedacht, von der dieses Gesetzbuch nichts wissen will. Auch die Wissenschaften nicht. Die Doktoren der Physiologie, der Anatomie, der Philosophie, der Medizin – sie entscheiden nun, welcher Ordnung die Frauen zugehören: der natürlichen Ordnung nämlich, nicht der gesellschaftlichen. Sollte einer etwas anderes einfallen, so nennt man sie einen Mann. Das sagen diejenigen von Germaine de Staël, die sie bewundern. Die andern, die sie nicht mögen, nennen sie ein *Monster,* weder Mann noch Frau. Sie selbst erfindet für ihren Roman eine Corinne, die tut, was sie will, sich in allen Künsten versteht, in der Musik, dem Tanz, der Poesie. Das Leben selbst ist ihr ein Werk, geschaffen und aufgeführt in Italien, der Mann ist die Muse. Ungefähr so liegen die Dinge auch bei Germaine de Staël.

Immer war Schloss Coppet da. Und jedes Jahr kam ein Sommer. Nur im Sommer langweilt sie sich nicht am Genfersee. Sie, die in die *Republique des lettres* geboren worden ist, aufgewachsen im Salon ihrer Mutter, in dem sich die Geschlechter mischten und Noblesse und Grossbürgertum unter sich blieben, sie, die sich das Denken nicht nehmen lassen muss, weil sie Räume hat, gross und schön, in denen Stimmen Worte tragen, sie langweilt sich im Sommer nicht. Denn auch in Coppet gibt es einen Salon, der sich mit Gästen füllen lässt. Viele kommen aus Paris, manche aus England, einige aus Deutschland und Italien, auch aus der Eidgenossenschaft. Man spricht über Wirtschaft, Politik, die Künste, den Krieg und die Diplomatie; man führt Theater auf, liest Geschriebenes vor, malt, man frühstückt zusammen, arbeitet allein, man trifft sich bei Tisch und am Seeufer. Die *Generalstände der europäischen Meinung* sieht Stendhal hier versammelt, als er Jahre später von den Sommern in Coppet erzählen hört. Besonders von diesem einen, im Jahr 1805, der auf Napoleons Krönung zum Kaiser folgt und den Auftakt macht. Hier kann gesagt werden, was in Frankreich nun zu denken verboten ist.

Ja, es stimmt, sagt Germaine de Staël, die Revolutionäre haben *den Thron mit dem Schafott vertauscht* und Gewalt verübt, *an Ausmass so gross wie die Ungerechtigkeit*, die der Revolution vorausgegangen war. Aber jetzt, bevor etwas neu beginnen könnte, macht ein Tyrann namens Napoleon alles zunichte, auch die Hoffnungen. Jetzt muss die Freiheit verteidigt werden. Für diejenigen, die sich um sie herum versammeln, heisst das: eigene Meinungen haben, Religion und Metier wählen, über Eigentum bestimmen. Es ist eine Freiheit, die gut zu denen passt, die sich in einem Schloss vereinzeln, um über Freiheit zu schreiben. Eine Freiheit, die an das Individuum geknüpft ist, an Verstand und Talente. Eine persönliche Freiheit, die sich von der Staatsgewalt bedrängt sieht.

Diese Freiheit, die Germaine de Staël und ihre Freunde meinen, ist eine Freiheit von Fremdbestimmung, die allen zugestanden wird, nicht weil sie gleich sind, sondern weil sie gleich werden können, sobald sie ihren Verstand einsetzen. Diese Freiheit stellt Bedingungen. Aber sie will auch das Gute vor Gott und schlägt einen Bogen zu denen, die nicht in metaphorischen Ketten liegen, sondern in solchen aus Eisen, zusammengepfercht auf Schiffen, die den Atlantik überqueren, verkauft auf Märkten, die Menschen handeln, gezwungen zu Arbeit auf Plantagen, die Reichtum in Europa schaffen. In Coppet, zwischen Neuenburg und Genf, wo seit ihrer Jugend verbotene Manuskripte heimlich über den Jura gelangen und als Schriften gegen die Sklaverei und den Sklavenhandel erscheinen, hier am Genfersee klagt Germaine de Staël den Kaiser dafür an, dass er beides erlaubt und denen freie Hand lässt, die *das Menschengeschlecht entzwei teilen* und ihrer Habgier die andere Hälfte *opfern*.

Auch sie teilt auf. Die einen sind kultiviert und die andern Barbaren. Alle können beides sein, aber die Kultur ist europäisch, das Wissen darüber, wie man das Land kultiviert und frei handelt, wie man sich um die Zukunft sorgt und die Zeit einteilt. Doch wenn die Kultur, einmal geschöpft, allen möglich ist, dann können sie jene, die sie geschöpft haben, auch verlieren. Oder genauer: sie von sich abschütteln. Die Europäer missbrauchen ihre Kenntnisse, sie vergessen, was ihre Philosophen sie lehren; wie sonst kämen sie dazu, Menschen zu kaufen und verkaufen. So spricht Mirza, Figur in einer Novelle der jungen Germaine, sie singt über ihre Liebe zur Freiheit und über die Schrecken der Sklaverei. Der Gang auf das Schiff bleibt ihr erspart, sterben wird sie an der Unfreiheit, in die sie die Liebe zu einem Mann stürzt.

Es gibt zu diesem Zeitpunkt schon eine andere Mirza, Protagonistin eines Theaterstücks von Olympe de Gouges, die ein paar Jahre später die *Rechte der Frau und Bürgerin* verkünden wird. Ihre Mirza ist Sklavin in der französischen Kolonie Saint-Domingue, und als das Stück, geschrieben im Jahr 1783, im ersten Revolutionsjahr endlich aufgeführt werden kann, wird es gleich wieder abgesetzt. De Gouges klagt an: Wie kann es sein! Ein paar Kolonisten schmieden ihre Ränke, selbstsüchtige Tyrannen, und schon befleckt sich das *Jahr eins der Freiheit* mit einer Ungerechtigkeit, wie sie nicht einmal die Feudalherrschaft in all ihrer Ignoranz und Barbarei hervorgebracht hat! Sie klagt an und im *Jahr eins der Repulik* schlagen die Revolutionäre ihr den Kopf ab, weil sie die Königin verteidigt hat. Sie erlebt nicht mehr, wie Frankreich ein Jahr darauf die Sklaverei abschafft, um sie wenige Jahre später gleich wieder einzuführen.

Und in all den Jahren gibt es unweit von Coppet, in Yverdon, eine Frau, fast könnte man meinen, sie heisse Mirza. Ihr Name ist Pauline Buisson, geboren als Sklavin in der Karibik, in die Schweiz gebracht von einem Offizier und seiner kreolischen Ehefrau. Sie habe feine Hände, heisst es, und sei sehr gebildet.

Jedes Jahr kam ein Sommer und mit ihm die Gäste. Die Kinder hören zu, wenn ihre Mutter Germaine de Staël, ihre Freundinnen und Freunde laut denken. Auguste wird dereinst ein Komitee gegen den Sklavenhandel gründen, dazu Studien anfertigen und einen Brief an *Monsieur le Président* richten. Albertine übersetzt englische Schriften gegen diese Grausamkeit. Ihre Haare gehen ins Rötliche, das sieht jeder. Von demjenigen, der nach dem Gesetz ihr Vater ist, hat sie das nicht. Es ist auch kein Geheimnis, dass ihre Mutter vieles teilt. Mit ihren Gästen all ihre Kommentare zum Zeitgeschehen, mit einer Frau, Juliette Récamier, eine *amitié amoureuse,* mit manchen Männern mehr als den Salon, am wenigsten mit dem Ehemann, dessen Hand am Abend des Hochzeitstages kalt ist wie Marmor und der von nur einem ihrer fünf Kinder Vater sein wird.

Ein Biograf zählt 15 Männer, die sie geliebt hat. Man erhält nicht viel weniger, wenn man das, was sie kann und vermag, in Männer umrechnet: Aus Germaine, sagt Benjamin Constant nach ihrem Tod, hätte man *gut und gerne zehn oder zwölf ausgezeichnete Männer machen können.* Sie aber hat aus sich ein Werk gemacht. 17 Bände zählen die *Œuvres complètes,* die ihr Sohn nach ihrem Tod herausgeben wird. 17 Bände Literatur, Politik, Philosophie, die keine Partei als ihr Erbe annimmt, auch diejenige nicht, die sich die «liberale» Partei nennen und in der *Groupe de Coppet* ihre Vordenker finden wird.

Im Sommer 1817 stirbt Germaine de Staël in Paris und wird in Coppet begraben.

Eine Frau hat sich das Denken, das Schreiben und das Meinen angemasst, da verbünden sich Monarchie und Republik miteinander und schütten beides, Spott und Hass, über sie aus. Das ganze Jahrhundert hindurch und auch noch im folgenden. Doch jeder, der sie klein macht, verrät etwas über sich selbst: Der Dichter Heinrich Heine wirft ihr vor, die grossen deutschen Philosophen wie Eissorten abgehandelt zu haben, Kant als Vanillesorbet, Fichte als Pistacheglacé. Der Journalist Louis Veuillot zweifelt an ihrem Frausein, hält sie aber immerhin für einen Drachen. Der *Homme de lettres* Pierre de Lacretelle kann sich ihre intellektuelle Virtuosität nur als Ausgleich zu körperlicher Hässlichkeit erklären.

Schon seit Jahrhunderten gibt es da die *Querelle des femmes,* wird gefragt, *ob die Weiber Menschen seyn.* Wie kann es darauf eine Antwort geben, solange die Menschen lauter Männer sind? Und so ergeben sich laufend neue Varianten der Frage. Bei einer wie Germaine de Staël, die ein Bücherregal vollschreibt und um sich herum ein Feuerwerk an Gedanken zündet, lautete sie: Ob Frauen Intellektuelle sein können?

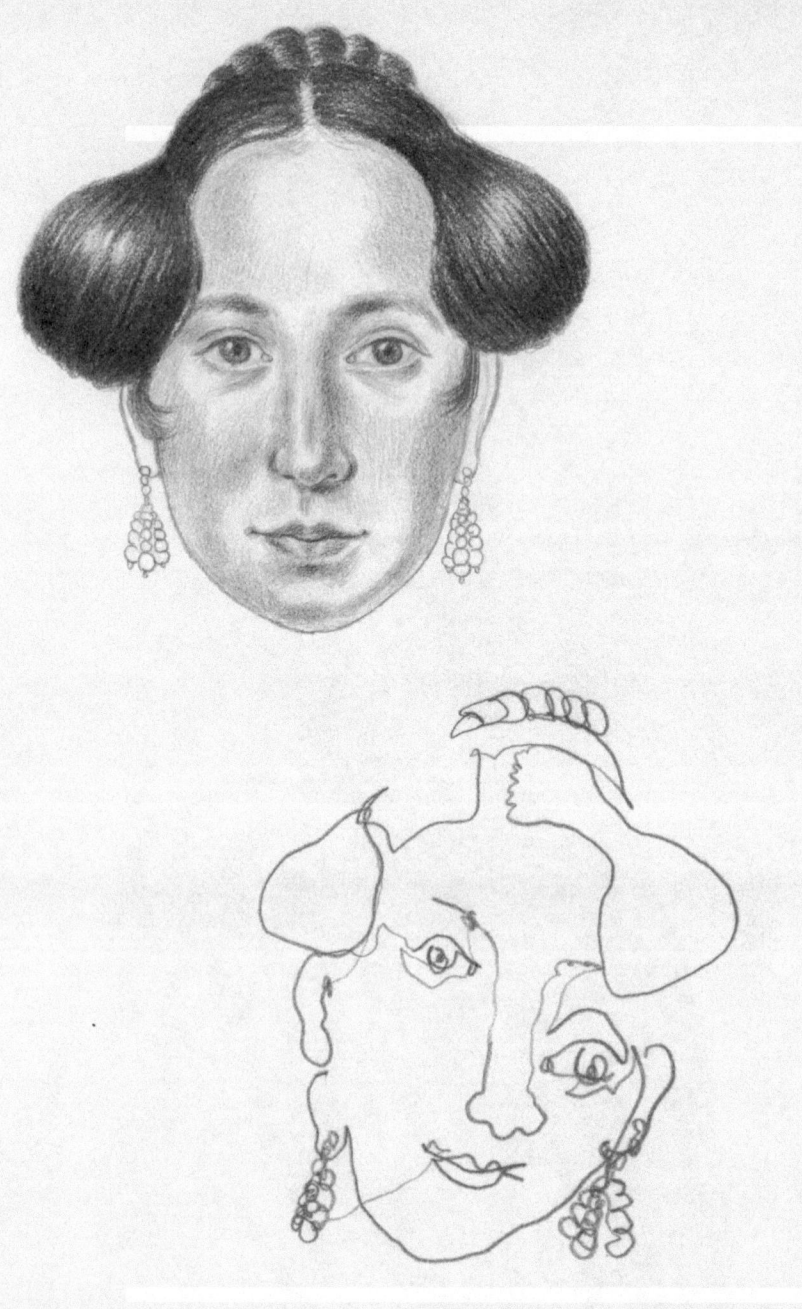

Emma Herwegh

Gegen das Garnichts

Plötzlich ergibt alles Sinn. *Morgen Nichts, Mittag Nichts und Abends wenig,* hatte sie Jahre zuvor, am 22. Februar 1839, in ihr Tagebuch notiert. Sie hat Malen gelernt, Zeichnen und Klavierspielen. Von allem etwas und nichts richtig, aber genug, um die Nachrichten von Heiraten, Geburten und Todesfällen zu kommentieren, die an Teetischen ausgespielt werden und abends beim Souper, zu dem sich auch jene einfinden, die ihr den Hof machen, die *Schöngeister* und *Windbeutel, Höflinge* und *Speichellecker.* Jahre vergehen, und sie will sie alle nicht, wie sie da schwimmen im *juste milieu,* das *weder eine Tugend noch ein Verbrechen* hervorbringt. Doch plötzlich ist alles mit Sinn erfüllt.

Noch muss sie hier in Berlin ein paar Monate lang Karten spielen, *um die alten Herren zu amüsieren, eine Sache, die mich stets tödlich gelangweilt hat.* Aber umgehend nach dem Wenigen am Abend beginnt nun ein neuer Tag lange vor Sonnenaufgang. In der Dunkelheit der Nacht bricht er an, wenn sie ungestört an ihn denken kann, der kein Schöngeist, Windbeutel, Höfling oder Speichellecker ist, sondern Dichter. Nun schreibt sie Briefe. Sie fragt sich, ob jetzt die Langeweile einem andern überlassen werden könnte, als grösstmögliche Strafe, die ihr vorstellbar ist. Warum nicht den König sich zu Tode langweilen lassen, *mit seinen Schranzen und seiner Bureaukratie allein auf dem Thron?*

Vom König (dem von Preussen) weiss sie einiges, ihr Vater liefert ihm Seidenwaren, feines Tuch zur Staffage von Räumen und Körpern. Aber noch mehr versteht sie sich auf das Königtum und auf die Revolution. Auch im Uneinssein mit der Umgebung kennt sie sich aus. Immer sind ihre Gedanken ein bisschen zu scharf, ihre Bewegungen etwas zu eckig. Ihren Spässen fehlt das Graziöse. Immer zieht es sie weg aus der Mitte, sodass am Ende das ganze Bild schief hängt.

Oder arrangiert sie die Dinge, wie sie sind? Lässt sich nicht täuschen, sieht die Haarrisse in Verhältnissen aus Porzellan? Längst hat die Familie Siegmund, die vielleicht einmal nach einem Vaternamen Jizchak geheissen hatte, vom Judentum zum Protestantismus konvertiert. Die Berliner Gesellschaft geht ein und aus, kommt zum Tee, bleibt zum Souper, doch manche Klatschmäuler sprechen umgehend von ihrer *langen Nase,* wenn andere ihre *schöne, freie Seele* rühmen. Sie nennen sie dann auch *die Orientalin.*

Aber jetzt ergibt alles Sinn, findet jede Sache ihren Platz (nicht in der Mitte), wird das Halbe ganz. Am 6. November 1842 ist Georg Herwegh zu Besuch gekommen, dessen «Gedichte eines Lebendigen» sie längst verschlungen und darin *die Antwort auf meine Seele* gefunden hatte. Der Dichter singt von der Freiheit, protestiert gegen die Fürsten, sieben in Deutschland verbotene Auflagen seiner Gedichtsammlung werden gedruckt, 19 000 Exemplare verkauft. *Einen so freien Mann sah ich nie,* schreibt Emma eine Woche später in ihr Tagebuch. Da hat sie schon jeden Winkel in seinem Gesicht mit dem Bleistift ausgemessen, Augen wie Teiche dicht an Brauen gemalt, das Haar in einen Scheitel gelegt, direkter kann ein Blick nicht sein. Der Anzug mit Weste ist Kontur geblieben, er läuft in Striche aus.

Alles, was wichtig ist, fällt in eins jetzt, passt in einen Atemzug und einen Satz. Sie weiss, *wozu ich lebe und dass ich lebe* und wie sehr der Berliner Liberalismus *nur eine Livree* ist, *als bunter Plunder den Bedienstetenseelen übergehängt.* Nun hat es ein Ende nicht nur mit der Langeweile, sondern auch mit dem sich Versuchen in den Künsten, von denen keine hängen bleiben wollte, keine sich aufzwang, weder die Poesie noch das Malen oder

Musizieren. Prosa? Sie vergleicht mit der grossen George Sand und findet sich *ein Nichts, ach so garnichts.* Aber nun hat sie, die das Dilettieren hasst, für sich eine Kunst gefunden, die sie ganz beherrscht. *Mit dem Lieben da geht's ganz prächtig, mir ist ein ganzer Mai im Herzen.* In so ein Leben *segelt* man, in ihrem Fall von Berlin in die Schweiz.

Endlich, im März 1843, frischt der Wind auf. Im Aargauischen frohlockt der Grosse Rat über das Heiratsgesuch von Georg Herwegh. Was für eine Gelegenheit, überall zu zeigen, *dass noch nicht alle Kantone der Schweiz der Spiesserei verfallen sind* wie die Zürcher, die den Dichter aus seinem Exil in der Stadt vertreiben. Drei Jahre, nachdem er dort Zuflucht gefunden hatte und gerade jetzt, wo er sich mit Emma Siegmund aus Berlin verheiraten will. In den Köpfen war die gemeinsame Wohnung bereits eingerichtet gewesen. Eine Falkenburg mit sieben Zimmern, darunter ein *soidisant Salon,* ausserdem zwei Kammern für die Dienstboten, eine für Plunder und eine für Speisen, ein Keller, ein Holzstall, ein Brunnen und ein Waschhaus. Im Hin und Her der Briefe werden die Zimmer aufgeteilt, mal so oder doch anders, er wünscht sich alles *recht vollgestellt* und der Blick geht über den See. *Mitten ins Herz der Berge,* schreibt er. *Willst du mein Falke sein?*

Doch vor vier Jahren haben sich in Zürich die Konservativen an die Macht geputscht und nun, im Februar 1843, verfügt die Regierung die Ausweisung des revolutionslustigen deutschen Republikaners Herwegh. Das verhindern auch die Liberalen nicht, von denen Emma sagt, dass sie *wie wir gern so ein Stückchen Freiheit hätten, wenn sie ihnen nur gebraten ins Maul flöge.* Und Georg: *Der Liberalismus taugt hier wie in der ganzen Welt nichts und hat nur noch die Ehre, alles, was charakterlos ist, in seinen Reihen zu zählen.* Eine Falkenburg mit Blick auf See und Berge wird es für sie beide nicht geben. Aber anders als der

Zürcher Polizeirat fürchten die Bürger der basellandschaftlichen Gemeinde Augst *Verwicklungen mit fremden Staaten* nicht. Sie erklären sich bereit, den Dichter für 600 Franken und einen Feuereimer einzubürgern. Von da an will dieser dereinst in *freier* Baselbieter Erde begraben werden. Als es 1875 so weit sein wird, führt keine Eisenbahnlinie nach Augst, hätte kein Zug seine Leiche dahinbringen können. Emma wird deshalb in Liestal *einen schönen Platz* besorgen, *den Schönsten, der frei ist u. so gross, dass er Raum für zwei Gräber bietet.* Noch aber leben beide. Sie verachten alles und alle, wie es Vorrecht der Liebenden ist. Ihre Sinne sind geschärft, sie spüren, sehen, wissen. Nur sie allein. Sind lebendig. Sie schreibt: *Was die Leute Liebe nennen, ist mir lächerlicher, skizzenhafter Seelenkitzel. Man sieht ja, was daraus wird, – Kinder höchstens – für die Menschheit aber nichts, keine Tat, keine Selbstverleugnung, nichts als eitle Sichwiderspiegelung des jämmerlichen Subjekts.* Er schreibt: *Himmel und Hölle soll aufgeboten werden, dass wir bald zusammenkommen.* Keiner erklärt dem Baselland den Krieg, die Papiere kommen zusammen, und geheiratet werden soll in der Stadt Baden.

Schon im Februar 1843 ist Emma aus Berlin aufgebrochen, herbeigerufen von Georgs Zürcher Freund August Follen, der unter *väterlichen Zärtlichkeitsschwachheiten* leidet. Er sorgt sich um den Dichter, der zu diesem Zeitpunkt noch keine Gewissheit hat, dass er Baselbieter Bürger werden wird, aber sicher weiss, dass er Zürich verlassen muss, dem die Ruhe fehlt und den das Kopfweh plagt. *So wünsche ich, dass Sie vor allem* kommen; *das andere wird sich alles leicht bewältigen lassen.* Alle in Zürich seien *der gleichen Überzeugung,* vor allem Michail Aleksandrowitsch Bakunin, der mit dem Dichter nach Zürich gekommen war und *ihn eigentlich nie heiter gesehen als in Ihrer Gesellschaft.* Wie jede andere nährt sich auch diese Liebe vom Blick der Dritten.

In Zürich sind seine Freunde *sämtlich umeinander herum platziert,* sie schreiben und dozieren über die Freiheit, die radikale, kompromisslose, übernehmen die Druckerei Hegner in Winterthur und bringen im LITERARISCHEN COMPTOIR heraus, was andernorts verboten ist, umgehen die Zensur in Deutschland. Sie feiern die Meinungsfreiheit und Feste. Einmal brauen sich tiefnachts zu viel Champagner und Zigarren in Gottfried Kellers Kopf zu einem Wutausbruch zusammen, sodass er sein Kanzlistenamt am nächsten Morgen zu spät antritt. Sie alle bilden einen Kreis, wie man sagt, oder mehrere, die Schnittmengen bilden. Georg spricht mit Bakunin über Emma *und mit jedem Wort wurde mir selbst klarer, was ich an Dir besitze, wie unendlich ich Dich liebe, und wie unentbehrlich Du mir geworden.* Sie ihrerseits weiss das Zehren vom Blick der andern noch zu steigern: *Ich wünschte, der König gäbe mir eine Audienz, nur um ihm zu zeigen, dass ich Deine Braut bin, nicht der Zufälligkeit nach, sondern der festen inneren Notwendigkeit.*

Am 23. Februar 1843 trifft sie in der Schweiz ein.

Am 2. März brechen sie zusammen in Richtung Aargau auf.

Ein Zurück nach Zürich wird es vorerst nicht geben, der *soidisant Salon* wird in Paris eingerichtet werden müssen. Dafür ist es ein richtiger Salon, kein sogenannter. Nicht nur komfortabel ausgestattet und schön gelegen, umgeben von Parks, nahe beim Marsfeld und unweit der Seine, sondern auch voller Geist, Berühmtheiten, Rivalitäten, Missgunst, Sympathien. Die Familie Marx in der Nachbarschaft und auch sonst lauter Verbündete im Kampf für eine Republik, die Emma nicht als *Eigentum* einer Nation, *sondern als das beglückende Band* aller *Völker* verstanden haben will. Bakunin ist weiterhin dabei, der unterdessen zu Zwangsarbeit in Sibirien verurteilt und flüchtig – genauer: jetzt auch in Paris – ist, mit Karl Marx schon bald im Streit liegt und mit Pierre-Joseph Proudhon Freundschaft schliesst, der sich mit Georg Herwegh überwerfen wird. Republikanerinnen, Sozialisten, Künstlerinnen, Komponisten, Schriftstellerinnen: ein Herbarium der Gegenwart.

Als sie 1847 einmal kurz nach Berlin reist, um dort 254 polnische Freiheitskämpfer aus dem Gefängnis zu befreien, kommt ihr die Stadt vor *wie ein Grab,* und sie deren Bewohnerinnen und Bewohnern *wie ein Tropengewächs.* Wie man Salon hält, hat sie aus nächster Nähe gesehen. Kaum angekommen in Paris verliert ihr Gefährte sich in einem Blick, nicht in ihrem. Sie ist schwanger mit dem ersten Kind und er verplaudert *Stunden und halbe Nächte* mit der Comtesse d'Agoult, die zwei Berufe hat: Schriftstellerin und Salonniere. Paris ist voller Forderungen und Ideen, Hauptstadt der besseren Zukünfte. Solange es stockt und stottert im Getriebe der politischen Umwälzung, lässt man schon mal die Leidenschaften frei. Sie bringt das Kind zur Welt, schart Menschen um sich, wird selbst zur Salonniere und befreundet sich mit der Rivalin, womit diese Affäre ein Ende hat, die aber nur ein Vorspiel war zu einer andern Affäre, von der halb Europa reden wird.

Zuerst befreunden sich die Männer, Georg Herwegh und Alexander Herzen, dann verliebt sich Georg in dessen Ehefrau Natalia, Emma erfährt und erträgt es, Alexander erfährt es und erträgt es nicht, erzwingt ein Ende, Georg will das Duell, Alexander nicht, die Frage der Ehre wird öffentlich ausgetragen. Die NEUE ZÜRCHER ZEITUNG vermeldet, *einige bekannte europäische Demokraten* seien informiert und würden sich bald über die *Ehrenfähigkeit* des Dichters aussprechen. Dazwischen wechseln die Schauplätze, von Paris nach Genf, nach Nizza, nach Genua. Eine Landkarte der Ereignisse könnte man zeichnen, sie erstreckt sich von 1849 bis 1852. Unterdessen ist ein zweites Mal eine französische Revolution in ein Kaiserreich gekippt. Das hat ebenfalls drei Jahre gedauert, von 1848 bis 1851.

Nun ist der Dichter wieder in Zürich. Man schreibt das Jahr 1852, rundherum regieren weiter Fürsten, Könige, ein Kaiser, während in der Schweiz die Kantone sich auf einen Bundesstaat und das Prinzip Demokratie geeinigt haben. Allein ist Georg hier und alleingelassen. Emma wird in Genua von italienischen Freiheitskämpfern umworben und wartet, bis sie sicher ist, dass ihr kein Vorwurf über die Lippen geht. *Komm, liebe Emma.* Drei Jahre dauert es, dann kehrt sie zu ihm zurück. Nun gibt es doch noch einen Zürcher Salon, nicht nur ein vollgestelltes Wohnzimmer, sondern das Reich einer Salonniere, die zerstrittene italienische Emigranten zusammenhält. Bedingungslos liebt sie nicht, aber die Bedingungen sind solche, die sie an sich selber stellt. *Freiheit ist die erste Bedingung in jedem Verhältnis und nur dadurch hat das Zusammenleben Heiligung und Wert.* Wie könnte sie ihm *die ganze Menschheit* ersetzen, *ich möchte es nicht, denn von dem Moment an, wo ich allein Dir genügen würde, wärest Du nicht mehr, was Du bist, was Du sein solltest.*

Die Herren der Weltentwürfe zerreissen sich die Mäuler über den Ausgang der Affäre, nennen Emma *hässlich,* Georg *effeminiert.* Aber sie hatten sich die Liebe ganz genau so gedacht, ihre Liebe, als sie im März 1843 mit Aussicht auf eine Bürgerschaft in Augst von Zürich nach Baden fuhren, von Feld zu Feld hüpften auf diesem Himmel und Hölle aus Ismen (Konservatismus, Liberalismus, Radikalismus, Sozialismus). Linkes Bein hier, rechtes Bein da, beide zusammen und wieder nur das eine. Eine Liebe, in der die Freiheit sich bewährt, eine Freiheit, die keiner und keinem gebraten ins Maul fliegt.

Wie man um die Freiheit kämpft, weiss sie. Wie man den geliebten Andern mit andern teilt und wie man den Revolutionär Felice Orsini aus dem Gefängnis befreit, indem man zwischen Zeilen aus Tinte in Zitronensaft geschriebene Nachrichten entdeckt und Metallfeilen in Buchdeckeln versteckt.

Auch wie man selbst in die Revolution zieht, wenn in Frankreich der König abgesetzt ist, in Wien und Berlin Märzstürme politischer Art aufkommen und im Grossherzogtum Baden ein Aufstand: nämlich an der Seite des Dichters, mit *schwarzen Tuchpantalons* und einer *schwarzen Sammetbluse*, dazu *einem Ledergürtel, in welchem zwei kleine Terzerole und ein Dolch* stecken. Etwas Kopfzerbrechen bereitet die Wahl des Hutes. Aber es gelingt und man hält sie für *einen halbwüchsigen Jungen,* dabei ist sie die einzige Frau unter 600, womöglich 800 Männern. Alle zusammen eine deutsche demokratische Legion, die am 24. März 1848 nur halbherzig von Frankreich unterstützt nach Strassburg zieht, dann den Rhein überquert, mit nicht genug Waffen, aber doch so viel Blei im Gepäck, dass das Ehepaar Herwegh während des ganzen einzigen Gefechts ununterbrochen Munition giessen kann, bevor beide in Bauernkleidern über den Rhein in die Schweiz flüchten müssen beziehungsweise können.

Nachher wird sie die *Wahrheit* über die Ereignisse verbreiten. Dass sich der Dichter nicht unter ihren Rockschössen oder hinter einer Kutsche versteckt hatte, als Pistolen zum Einsatz kamen, wie gehöhnt wird. Dass die Republik als *grosses, weltbefreiendes Ereigniss* nicht gelingen kann, wenn *die Nationalen dem neugeborenen Kinde gleich einen Taufschein auszustellen* bemüht sind. Und schon gar nicht, wenn die Mehrzahl der Menschen *gewöhnlich nur ein neues Kleid für den alten Götzen* wünscht, *den es dann je nach den Attributen bald Monarchie, bald Republik tauft, wobei aber im Grunde Alles beim Alten, jeder Stein unverrückt bleibt, und es nur auf etwas mehr oder minder Heuchelei herauskommt.* Und wie die Flucht über den Rhein vonstatten ging. *Sternenloser hatt' ich den Himmel nie gesehen, er hing wie eine schwarze dichte Masse finster über uns.*

Widerwillig greift sie zur Feder. Sie, die Brief um Brief schreibt, aber keine weitere *schriftstellerische Frau* sein will. *Vor*

*dieser Laufbahn hat mich Alles geschützt, was überhaupt schützen
kann.* Es stimmt, sagt sie über die Frauen, *man giebt uns von allen
Dingen nur die Schale – so von den Wissenschaften, so von der Kunst
und wehe der, welche es verrieth, dass ihr Auge sich dem Kern der Dinge
näherte oder nähern wollte.* Man lässt ihnen so viel, dass es zum
Ausprobieren reicht, zum Schälen des Obsts, das andere verspei-
sen. Oder es kommen wohlmeinende Herren, die klagen, es
gebe bisher *in Deutschland nur zweierlei Frauen;* für diese denken
sie sich spezielle Hochschulen aus, die dann doch nur darauf
aus sind, *dass ferner alle Köchinnen Courtisanen werden und alle
Courtisanen kochen können.* Das wäre *allerdings sehr zweckmässig –*
fragt sich nur für wen. Es stimmt also, man hält die Frauen fern
vom Gabentisch der Dinge. Aber es stimmt auch, dass sie selbst
für manches auf diesem Tisch keine Neigung hat, sagt sie, und
kein Talent. Nur jetzt, 1849, nach Aufbruch, Gefecht und Flucht
ist Schreiben Aufschreiben. Und zur Verbreitung der *Wahrheit*
über die *Geschichte der deutschen demokratischen Legion aus Paris,
von einer Hochverräterin,* soll ihr auch dieser Umstand recht sein:
*der Deutsche, so weit ich ihn kenne, giebt leichter Geld für Geschrie-
benes als für Lebendiges aus.*

Also wird die Wahrheit gedruckt, umgehend verboten
und doch gelesen.

Sie schreibt jetzt wieder nur Briefe, ausserdem fertigt sie
Übersetzungen an. Aus dem Polnischen, dem Französischen,
dem Italienischen. Weitere Kinder kommen, eines ist einjährig
gestorben, die Apanage aus Berlin versiegt. Es ist nach den
Ereignissen von 1848 nicht mehr viel vom Familienvermögen
geblieben, vom Rest enterbt sie ihr Vater. Die Wohnungen in
Paris, dann Nizza, Genua, Zürich werden schlichter, sie übersetzt, borgt und beschafft Kredit, sie verzichtet und übersetzt,
bettelt bei Freunden, es wird immer schlimmer, sie übersetzt.
Brockhaus zahlt einen Spottlohn, Schüler findet sie keine,

übersetzt. Einmal erkrankt ein Sohn, liegt *wie ein kleiner wächserner Engel mit seinen tiefen, schwarzen, glänzenden, langbewimperten Augen in seinem Bettchen und scheint nur noch mit einem Fuss der Erde, d. h. uns anzugehören.* Bald lässt sich nicht mehr verbergen, *dass es uns verzweifelt geht.* Buch um Buch wird aus dem Regal geholt und versteigert.

Alles unternimmt sie, weil etwas nicht geschehen darf: Dass der Dichter seine Ideen verdingen müsste (journalistisch) und sie zu etwas gezwungen wäre, wozu sie kein Talent hat (Schriftstellern). Rundherum entstehen im Geschiebe der Geschichte schmale Grate, auf denen vieles kippt. Die weltbefreiende Republik zum Beispiel zerfällt in Neugeborene mit nationalen Taufscheinen, manche mit Vermerk *Race.* Ein Unfug, sagt der Revolutionsdichter, der in die *Gestüte, nicht in die Geschichte* gehört. Bald gibt es ein deutsches Kaiserreich, ihm graut. Noch einmal dichtet er, sie sammelt das Geschriebene, er stirbt, sie gibt in den Druck. Die Wohnung in Zürich hat sich nicht halten lassen, aber das Grossherzogtum Baden fürchtet sich nicht mehr vor der Hochverräterin und dem Revolutionsdichter. Zusammen und ohne ihre Bücher sind sie weitergezogen.

Endlich.

Seit vier Monaten macht alles Sinn, und am 8. März 1843 wird im aargauischen Baden geheiratet. Schnee ist gefallen, meterhoch. Es ist einerlei, dass der Pfarrer nicht vorbereitet, das Kutschenfenster zerbrochen und die Hochzeitsgarderobe aus Berlin noch nicht angekommen ist. So rasch wie möglich muss es geschehen, jetzt, wo Himmel und Hölle sich zusammengerauft haben, sie beieinander und die Papiere da sind (Geburtsscheine aus Deutschland, das Bürgerrecht aus Baselland, die Bewilligung des aargauischen Kleinen und Grossen Rats). Alles hängt von den Papieren ab, doch in keinem steht, was einzig wichtig ist: Nur die Freiheit emanzipiert.

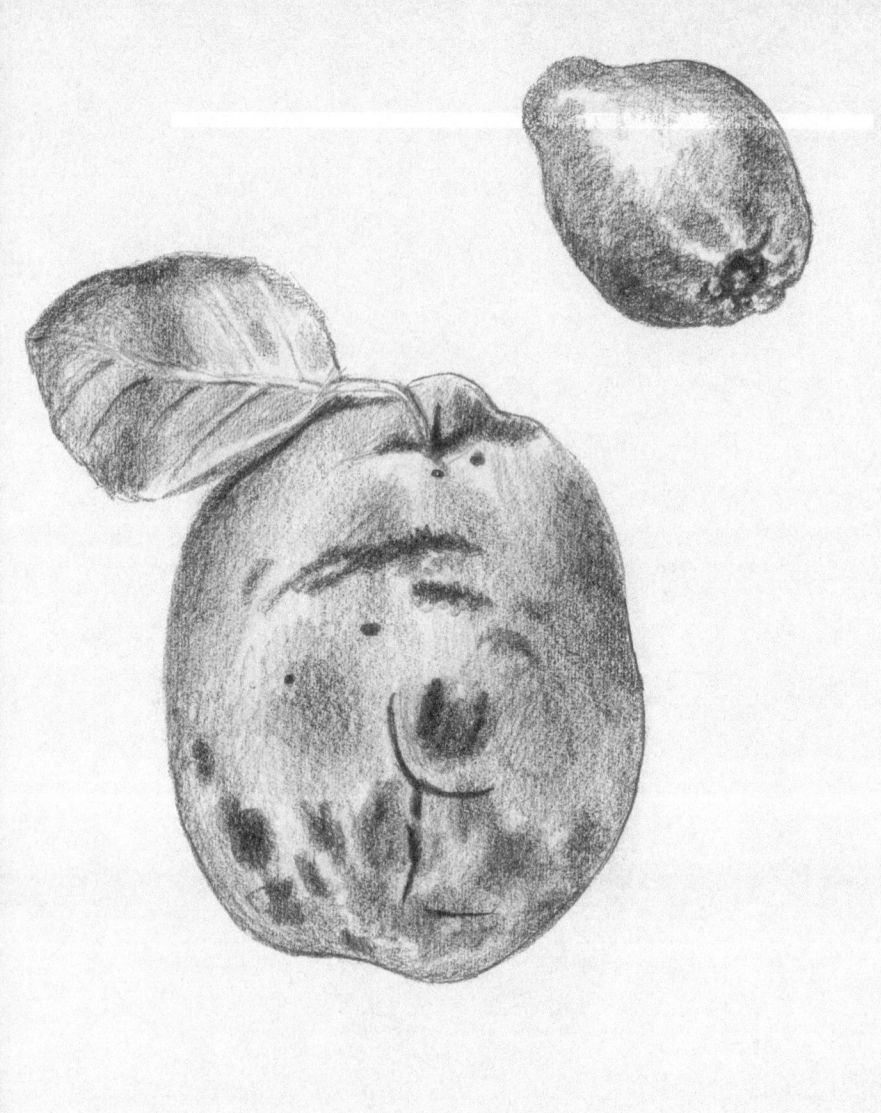

Emilie Kempin-Spyri

Mutterseelenallein

Die sechs Blätter sind aus einem Heft gerissen, von Hand nummeriert, einseitig beschrieben. Mit jeder Zeile rückt die Schrift weiter weg vom linken Rand, aber mit jeder Zeile fasst die Feder auch mehr Tritt, können Wörter stehen bleiben, ohne durchgestrichen zu werden. Sie bewähren sich auch beim zweiten und dritten Lesen.

Es ist der 18. März 1901 und Emilie Kempin-Spyri schreibt eine kleine Abhandlung. Ein Leserinnenbrief soll es werden, anstelle eines ganzen Buches über die Besserstellung der ledigen Mütter *in Sitte und Recht*. Es müsste dringend geschrieben werden, dieses Buch. Zuerst aber ein Leserinnenbrief. Genauer: eine Widerrede auf sechs Seiten. In der Zeitung nämlich ist soeben die Einreichung einer Petition angezeigt worden, die verlangt, ledige Mütter seien künftig mit dem Titel «Frau» in die Zivilstandsregister einzutragen. Nicht länger sollen sie verhöhnt werden, indem man sie «Jungfrau» oder «Fräulein» nennt.

Vieles in Emilie Kempin-Spyri sträubt sich gegen diese Forderung. Das Gefühl der Wahrhaftigkeit, sagt sie, und das Sprachgefühl. Dass ein solcher Eintrag eine legale Fiktion einrichte, einen *Scheinstatus,* der das Wort «Frau» seiner Bedeutung beraube. *Was heisst denn Frau?* Es heisst, die Frau von jemandem sein, es heisst: Ehefrau sein. Bis dahin ist eine Frau ein *Diminutiv* ihrer selbst, ist, was sie erst sein wird. *Reformen werden kommen,* schreibt Kempin-Spyri, aber nicht auf diesem Weg. Was heisst: nicht in dieser Abfolge. Nicht zuerst im Recht und dann in den Gewohnheiten. Die Menschen mögen sich das Falsche angewöhnt haben, *Cultur & Sitte* mögen fehlerhaft sein,

111

aber *nie* geht Veränderung von der Rechtsetzung aus. Es ist umgekehrt: *Recht ist immer der von der Sitte, Gewohnheit, Volksauffassung gewordene & von der Allgemeinheit praktizierte Zustand.* Es genügt deshalb nicht zu sagen: *Ich mache darauf aufmerksam.* Ein kräftiger Strich, eine Ergänzung: Ich *muss* darauf aufmerksam machen. Andere sind ja der gegenteiligen Ansicht. Dass nämlich das Recht den Gewohnheiten vorausgehen muss, diese verändern kann. Sie selbst hat es früher so gesehen. 1886 war es, als sie eine staatsrechtliche Beschwerde an das Bundesgericht richtete. Das Zürcher Bezirksgericht hatte ihr, die für ihren verschuldeten Mann einen Prozess führen wollte, beschieden, eine Frau könne niemanden vor Gericht vertreten, weil sie kein Aktivbürgerrecht besässe, damals im Kanton die einzige Voraussetzung für eine Anwaltstätigkeit. *Dagegen protestire ich,* schreibt Kempin-Spyri, Jurastudentin im fünften Semester. Steht etwa nicht in der Verfassung, alle Schweizer seien vor dem Gesetz gleich? Steht dort nicht: *Es gibt in der Schweiz keine Untertanenverhältnisse, keine Vorrechte des Ortes, der Geburt, der Familien oder Personen?* Und nun will man den Frauen das politische Recht absprechen, *aus dem einzigen Grunde, weil dieser Schweizerbürger weiblichen Geschlechtes ist?* Was für ein Durcheinander würde diese Auslegung anrichten. Müsste das Bundesgericht hier nicht Klärung schaffen? Eine veritable *Rechtsverwirrung* entstünde, wenn mit der maskulinen Form einmal auch die Frau bezeichnet wäre und ein andermal nur der Mann! Ist denn mit dem Kantonsbürger, den die Verfassung zum Schweizerbürger erklärt, nicht auch die Kantonsbürgerin gemeint? Niemand spricht den Frauen das Recht ab, Vereine zu bilden, nur weil die Verfassung dieses dem Bürger einräumt und nicht der Bürgerin. Oder kann es etwa nach dem Gesetz keine Schuldnerin geben, weil dort Schuldner steht? Können sich die Frauen denn der Steuerpflicht entziehen, da diese in den Steuergesetzen keiner Bürgerin auferlegt wird, sondern dem Bürger?

Und was ist überhaupt dieses Aktivbürgerrecht?

Das Recht zur Ausübung politischer Rechte, gebunden an die Bürgerpflicht, Steuern und Militärdienst oder Pflichtersatz zu leisten. Nun denn: *Es hat sonach, da die Frau von der Bürgerpflicht der Steuern nicht ausgeschlossen ist, da sie jeden Augenblick auf Grund der Bundesverfassung zur Wehrpflicht oder deren pekuniären Ersatz angehalten werden könnte, die steuerpflichtige und handlungsfähige Frau auch Aktivbürgerrecht.*

Es stimmt, die Frauen haben dieses Recht bisher nicht wahrgenommen, *durch Nichtausübung eines Rechtes aber geht dasselbe nicht verloren.* Und wenn jeden Moment von den Frauen mehr staatsbürgerliche Pflicht gefordert werden kann, wie sollten nicht umgekehrt sie jeden Augenblick ihr staatsbürgerliches Recht ausüben können wollen? Überraschen sollte das den Gesetzgeber nicht. Er hätte die Frauen ja ausdrücklich davon ausschliessen können – schliesslich ist der *Ruf nach Gleichstellung der Geschlechter lange schon ertönt.*

Tatsächlich war die Situation längst verworren und die Verwirrung liess sich schlecht verbergen. Als die Französische Revolution alle Menschen zu Gleichen erklärt und davon die Menschen weiblichen Geschlechts flugs ausgenommen hatte, verkündete Olympe de Gouges 1791 in Paris die *Rechte der Frau und Bürgerin.* Im Kanton Zürich verfassten zwischen 1867 und 1869 *mehrere Frauen aus dem Volk,* wie sie sich nannten, Petitionen an den Gesetzgeber und forderten das Wahlrecht. Man *unterdrückt* unsere Menschenrechte, sagten sie, und lässt sie *verkümmern.* Und 1872 gründeten Marie Goegg-Pouchoulin und Julie von May in Bern die «Association pour la défense des droits de la femme».

Man muss also die Frauenrechte nicht fordern. Es gibt sie schon, weil die Frauen auch Menschen sind und auch zum Volk gehören. Verteidigen muss man ihre Rechte. Denn wer ist das Subjekt der Menschenrechte? Es sind diejenigen, schreibt der Philosoph Jacques Rancière, die Rechte haben, die sie nicht haben, und Rechte nicht haben, die sie haben.

Genau so tritt Emilie Kempin-Spyri im Dezember 1886 vor das Bundesgericht. Wir haben das Recht und haben es nicht, sagt sie und schert sich nicht darum, ob Gewohnheit auf Recht oder Recht auf Gewohnheit folgt. Die Bundesrichter aber retten sich in ebendiese Frage und beantworten sie auch. Zwar sind sie fast beeindruckt von einer, die *scheint folgern zu wollen, die Bundesverfassung postuliere die volle rechtliche Gleichstellung der Geschlechter.* Eine Auffassung sei das, *ebenso neu als kühn; sie kann aber nicht gebilligt werden.* Ein Strichpunkt lässt Kühnheit in Anmassung umschlagen und leitet das Verdikt ein: Behaupten kann man alles, aber gelten tut es deshalb nicht. Gegen nichts weniger als *die gesammte geschichtliche Entwicklung* nämlich stelle sich die Ansicht der Frau Kempin-Spyri. Zuerst also die Gewohnheit, dann das Recht.

Emilie Kempin-Spyri hat damals nicht kapituliert.

Wie hätte sie aufgeben können, da sie doch eine Familie zu ernähren hatte. Drei Kinder, eine Anna, einen Ludwig, eine Emilie, alle kurz nacheinander geboren, und einen arbeitslosen und konkursiten Pfarrer als Ehemann. Sie muss sich ja auch sonst einiges anhören: Dass Frauen nicht Anwältinnen sein können, weil sie zu zart sind. Und zu rechthaberisch! Zu prüd. Und zu streitsüchtig!

Im Sommer 1887 beendet sie ihr Studium an der Universität Zürich mit der Dissertation. Die Advokatur ist ihr verschlossen, ihre Bewerbung als Privatdozentin für römisches Recht weist die Universität 1888 ab. Im gleichen Jahr reist sie nach New York, mit Mann und Kindern, gründet dort eine Rechtsschule für Frauen, doziert Rechtsgeschichte und Gerichtsmedizin an der Universität. 1891 kehrt sie zurück, weil der Mann nicht Tritt gefasst hat, was er auch in Zürich nicht tun wird, wo er ein Jurastudium anfängt und wieder abbricht, während sie sich als Dozentin bewirbt. Nun erhält sie in Zürich die Venia Legendi für römisches, englisches, amerikanisches Recht, aber die Studenten bleiben fern. Ein zweiter Versuch, den Frauen die Advokatur zu erkämpfen, scheitert. 1892 gründet sie die Zeitschrift FRAUENRECHT, 1893 einen Frauenrechtsschutzverein, 1894 tritt sie dem Schweizerischen Juristenverein bei, interveniert in die Diskussionen über ein neues Ehegüterrecht. 1895 zieht sie nach Berlin, nun getrennt vom Ehemann. Sie doziert in Deutschland, tritt am Internationalen Frauenkongress in Berlin auf. Sie ist jetzt Autorin mehrerer Schriften, eine Autorität auf ihrem Gebiet.

Wenn die Welt so eingerichtet ist, dass der Mensch immer ein Mann, aber nicht immer auch eine Frau ist, dann gibt es nichts, was eine Frau nicht «als Frau» tut. Sie kommt an die Universität und man muss debattieren, ob Frauen auch Recht lehren dürfen. Sie tritt vor Gericht und man muss darüber befinden, ob Frauen Anwältinnen sein dürfen. Was bleibt den Frauen anderes übrig, als sich damit auseinanderzusetzen, was es bedeutet, eine Frau zu sein? So wird Emilie Kempin-Spyri zur Expertin für die Rechtsstellung der Frauen. Und das heisst: Expertin für das Privatrecht. Denn dort wird bestimmt, in welchem Verhältnis die Frauen zu den Männern stehen.

Zuerst: Ist die Frau verheiratet oder nicht? Das ändert alles. Denn auch wenn die unverheiratete Frau «Fräulein» heissen muss, so kann sie doch seit 1881 in der Schweiz nicht mehr bevormundet werden. Und die verheiratete Frau? Ist sie Genossin oder Mündel des Ehemanns? Wem gehört was an Geld und Gütern in der Ehe und wer verfügt darüber? Weiter: Kann ein Mutter-Kind-Verhältnis für sich allein stehen, braucht es einen Vater oder Vormund, und wer hat die elterliche Gewalt in der Ehe? Zu all dem lässt Emilie Kempin-Spyri sich verlauten, pocht auf das Prinzip der Genossenschaft, auf die Handlungsfähigkeit der Frauen, auf grösstmögliche ökonomische Selbstständigkeit beider Eheleute, auf ein Mutterrecht, das seinen Namen verdient.

Das Schweizerische Zivilgesetzbuch jedoch, das 1912 in Kraft treten wird, schreibt nicht sie, sondern Eugen Huber, Rechtsprofessor in Bern. Es wird als ein modernes Recht gelten, ein ausgewogenes, weil sein Autor den Standpunkt einnimmt, *die Frau soll handlungsfähig sein, aber gewisse Handlungen nicht vornehmen dürfen.*

Emilie Kempin-Spyri: Das ist das *allerverkehrteste, das es geben kann.*

Eugen Huber: In der Ehe findet *die Gleichheit der Geschlechter an der Natur der Sache ihre Schranken.*

Ende der Diskussion.

Nun wird gelten, für fast ein Jahrhundert, dass der Ehemann das Haupt der Familie ist, die Ehefrau ohne seine Erlaubnis keine Erwerbstätigkeit ausüben darf, dass sie den Haushalt zu besorgen hat.

Zu dieser Zeit wird in ganz Europa über das Eherecht debattiert. Es gibt radikalere Kritikerinnen als Emilie Kempin-Spyri, auch radikalere Entwürfe des Zusammenlebens. In Deutschland zerstreitet sie sich mit der Frauenbewegung, weil sie die Meinung vertritt, es sei einer verheirateten Frau unmöglich, einen Beruf mit Hausarbeit zu vereinen. Ja, sie sage das, als Frau, die *selbst Berufsfrau, Hausfrau und Mutter* sei, *jawohl, das sage ich selbst, und zwar nicht trotzdem, sondern weil ich es am eigenen Leibe erfahren habe* – den *Doppelberuf* nämlich, der eigentlich ein Dreifachberuf ist. Alles kann man irgendwie einrichten, unterbringen, tun, aber es bleibt der Umstand, *dass sich die Pflege und Erziehung von Kindern nicht an gewisse Stunden binden lässt.* Und an diese Stunden, in denen sie sich *ihren Kindern entzogen hat,* denkt eine Frau *mit bitterem Weh* zurück. *Was verstehen denn davon alle die Kinderlosen und Unverheirateten, die in der Regel an der Spitze der Frauenbewegung stehen?* Erwerbsarbeit, Haushalt, Kinderversorgung – es gibt nichts, was Frauen nicht können, so sieht es Emilie Kempin-Spyri. Als Einzelne haben sie *Anlagen und Neigungen,* nicht anders als die Männer, zum einen oder zum andern oder zum dritten. Aber alles braucht es, warum also soll nur die Berufsarbeit etwas zählen und alles andere sich dieser unterordnen? Vor allem: *Es ist ein grosser Irrtum, wenn man die haushälterische Tätigkeit nichts wertet.* Sie ist *unter Umständen gewinnbringender* als die ausserhäusliche Arbeit und in jedem Fall *der produktiven Arbeit der Berufs- und Handelsfrau äquivalent.* Natürlich ist es *thöricht, eine Frau durchaus ins Haus einspannen zu wollen, ebenso thöricht aber, an die Arbeit der Hausfrau nicht den ökonomischen Wertmesser zu legen.* Warum zahlt der Arbeitgeber nicht denen einen Lohn, die für seine Angestellten die Hausarbeit machen?

Schliesslich kann ein Mensch auch von dieser Arbeit leben, wenn es nötig ist.

Sie ist das, was vielen Frauen bleibt, wenn es ums Überleben geht – oder um eine Art Freiheit. *Ich kann,* schreibt die Juristin Emilie Kempin-Spyri 1899 in einem Brief an den Herrn Pfarrer Altherr, der für seinen Haushalt *ein Fräulein oder Witwe von zuverlässigem Charakter* sucht, *auch kochen, kehren, nähen, aber auch ein wenig schneidern, namentlich aus alten Kleidern neue machen,* ich liebe *alle Kinder* und bin *überhaupt zu jeder Arbeit, auch Geschirrwaschen & Reinemachen gerne bereit.* Der Brief wird nie abgehen, denn sie schreibt ihn hinter den Mauern einer Klinik.

Schon länger ist sie da nicht mehr Herrin ihrer Geschicke, zwei Jahre war sie in Berlin behandelt worden, nun ist sie Patientin in der Heil- und Pflegeanstalt Friedmatt, etwas ausserhalb der Stadt Basel. Man lässt sie nicht gehen, genauso wenig wie ihre Briefe auf die Post gelangen, auch die an ihre Kinder nicht. Ihr Körper ist so krank wie ihre Seele, von Müdigkeit spricht die Tochter, einen Tumor diagnostiziert der Arzt, eine *Paranoia chronica simplex* der Psychiater. Sie sieht unsichtbare Kräfte am Werk und hört Stimmen.

Was bleibt?

Die Ärzte schreiben auf: *Mittelgrosse hagere Frau. Körpergewicht 47 Kilo.* Sie entwendet Messer aus der Küche und vergräbt sie im Garten, halluziniert von Theaterbesuchen mit ihren Kindern, an ihrem Geburtstag schreibt sie ihnen einen Brief. *Erzählt ihre Lebensgeschichte völlig correct,* hat *alle möglichen sexuellen Ideen.* Sie weint oft. Schreibt massenhaft Hefte voll, *weint viel.* Der Tumor wächst, sie hat Schmerzen, zeichnet die Welt und erfindet *kosmologische Systeme.* Als sie am 12. April 1901 stirbt, *Körpergewicht 60–54.5,* geht der Stift über an den Pathologen. Dieser beschreibt, auf 56 Zeilen, jede reich an Worten, die Farben ihrer Organe, Beschaffenheit und Grössenverhältnisse. Auch ein Journalist meldet sich zu Wort; er findet, ihr Leben sei *ohne Glück und Stern* verlaufen, *mit dem Wollen hielt das Können nicht Schritt.* Selbst die begabteste unter den Frauen habe auf die Grenzen stossen müssen, *welche der Frau bei der Beschäftigung mit einer Wissenschaft, wie es die Jurisprudenz ist, nun einmal gezogen sind.* Kein Glück, kein Stern: *neben den hervorragenden Rechtslehrern an der Zürcher Hochschule konnte die Frau Doktorin wissenschaftlich gar keine Rolle spielen.*

Am 18. März 1901 aber hat sie das Wort.

Ihre Buchstaben fassen Tritt auf dem Papier. Sie glaubt nicht mehr daran, dass das Recht den Gewohnheiten voraus-

gehen muss, wohl aber daran, dass die Frauen die Gewohnheiten verändern werden, wenn sie sich zusammenschliessen,
wenn sie Vereine bilden. Sie argumentiert und begründet, ihre
Gedanken sind klar, gehen ihren Gang, finden einen Schluss.
Gezeichnet: *Dr. jur. Emilie Kempin.*

120

Catherine Colomb

César, c'est moi

Ist der Körper der Mutter ein Haus? Das Kind wohnt darin, sitzt da mit angezogenen Beinchen, das Köpfchen zur Seite gelegt, gewärmt und ernährt. Das Haus ist ein Haus, aber es ist nicht ein Haus wie jedes andere. Die vier Wände, die Decke und der Boden bilden eine Kugel, die nie ganz rund wird, es gibt keine Fenster und keine Himmelsrichtung, die nötig wäre, um zu wissen, was oben und unten ist, wo links und wo rechts. Was das Haus zum Haus macht, ist das Kind, das darin sitzt. Doch ohne das Haus gibt es auch das Kind nicht. Und wer nicht zu wissen braucht, wo Westen und wo Osten ist, muss auch das Gestern und das Morgen nicht unterscheiden.

Später, wenn das Kind oben und unten, links und rechts, gestern und morgen auseinanderhalten lernt, wenn es seine Glieder einmal nach Osten und einmal nach Westen ausstreckt, wenn es spürt, wie ein Fallwind über den Berg kommt und hört, wie ein Rauschen vom See her tönt, aber immer noch ein Haus braucht und dafür seinen Kopf in einer Schürze vergräbt, dann muss es achtgeben, dass es die der Mutter ist. Denn auch andere Frauen tragen taubengraue Schürzen, einen Mutter- rock *aus grauen Federn*. Und manchmal vergräbt sich dort sogar ein Kopf, der zu einem Kind gehört, das vergessen hat, dass seine Mutter nicht mehr da ist, dass keine Schürze die seiner Mutter ist.

Sie heisst Marie, genannt Marion, noch nicht Catherine, und wird noch viele Namen tragen. Sie ist fünf Jahre alt, als ihre Mutter stirbt. Im Kindbett, wie man sagt, zusammen mit dem neuen Schwesterchen. Aber als die Mutter noch lebte: *Rote Haare schmiegten sich zärtlich an den Rock mit grauen Federn!*

Nun ist César, Lieblingssohn einer toten Mutter, unbehaust, wohnt sechs Monate beim einen Bruder im oberen Haus, sechs Monate im unteren beim anderen Bruder, einmal oben in den Weinbergen, einmal unten am See. *César, c'est moi,* sagt sie über ihn, wie einst Gustave Flaubert gesagt haben soll, er sei seine Romanfigur. *Madame Bovary, c'est moi.* Ob er es wirklich gesagt hat, weiss man nicht. Aber sie hat es gesagt, *César, c'est moi, c'est mon frère,* hat sie gesagt. Denn warum sollte sie nicht schreibend mit vollen Händen schöpfen aus allem, was ihr zur Verfügung steht, aus sich und allem, was im toten Winkel der Familienfeiern und Dorffeste liegt und doch so klar zu sehen ist, wenn man nur hinschaut, wie es Kinder tun, die ihrem Sehsinn mehr trauen als den Worten der Erwachsenen.

Im nächsten Roman heisst César Joseph und hat auch rote Haare, wie fast niemand sonst. Als Kind hat Joseph seinen Vater in einem Feuer umkommen lassen, die Sonntagskleider angezogen und niemanden benachrichtigt.

Die Autorin, die beide erfunden hat, César und Joseph, wird eine schwierige Autorin genannt. Ihre Bücher, schreibt aus Paris ein Verleger, seien nicht zu verstehen. Ist das einem Publikum zuzumuten, so ein Knäuel aus Menschen und Ereignissen? Eine Ariadne ist sie und Dädalus in einem, spinnt ein Labyrinth aus tausend Fäden. Sie sagt über den Pariser Verleger, er sei *ein Dorflehrer,* der einem Mädchen vorwirft, die Geraniumblüte, die es beim Vorbeigehen gepflückt hat, *sei ja ganz haarig und staubig.* Ist es denn die Schuld des Mädchens? Es ist die Strasse entlanggegangen, durch die sein Weg es führte. Es gab dort nur Geranien, und in Strassen wirbelt der Wind Staub auf. *Aber warum muss man verstehen? Reicht es nicht aus, jene zu lieben, die an unserer Seite leben?* Geht etwa das Leben nach Plan, bricht nicht ständig die Erinnerung ein und breitet die Zeit sich nicht als Landkarte aus?

Kein Pfeil führt durch sie hindurch oder bringt sie auf eine Gerade, jeder Wegweiser zeigt in alle Richtungen.

Ihre Mutter ist gestorben und nun schickt man sie mit dem Bruder zur Grossmutter, die Schwester kommt zur Tante. Ein Glück, dass immer mehrere Mütter da sind. Grossmutter, Mutter und Tochter, *drei Mütter, die alle zwanzig oder fünfundzwanzig Jahre einander ablösen*. Denn die Mütter sterben, im Kindbett oder aus Kummer, wenn ein Kind in den See gefallen ist, sie stürzen von Türmen. Dann gibt es einen Mauervorsprung, der die Grenze zur Welt der Kinder zieht, *an der früher ihr Himmel befestigt war*. Auch Häuser sind mehr als eines da, und so zieht sie, das Kind Marie, vom Schloss Saint-Prex nach Begnins. Nun liegen Weinberge und Höhenmeter zwischen ihr und dem See, an dem sie fünf Jahre lang die Flügelschläge der Engel hatte rauschen hören. Ein Haus oben in Begnins, ein Schloss unten am See, das bald verloren geht. Nach noch einmal fünf Jahren zieht die Grossmutter mit den Kindern nach Lausanne. Dort wohnt ihre zweite Tochter, die Witwe geworden ist und wieder heiratet.

Ein Flickwerk sind die Familien.

Diejenigen, die über Güter, klingende Namen und Wertpapiere verfügen, stellen sie als Bäume dar. Aus einer Wurzel wachsen diese in den Himmel, Sprossachsen bahnen Erbgänge, hin und wieder schiesst ein Sprössling, der *kein Zweiglein verbog auf dem Stammbaum, wenn dieser blattlos weiterspross und über den Kreisen mit den Namen der Stammhalter die Morgensterne sangen*. Als ob nichts wäre. Aus den Stammhaltern wächst der Baum, aber müsste man nicht *bis zur Sintflut* zurück, um das Unglück zu ergründen? Warum Mütter ihre Kinder verlieren und Kinder ihre Mütter, nun sind sie unbehaust, auch wenn sie zwei Häuser erben, sind *in den Fluren der Kindheit geblieben,* während andere auf Erbteile lauern und nochmals andere tüchtig gewesen sind, *Weinberge verkauften, das Haus instand setzten, sich einiger Weinberge entledigten.*

Trallala. Die Sterne singen über den Bäumen, als ob nicht Holz splitterte. Als ob nicht die Brüder Gustave und Godefroy dem Erstgeborenen Gaston, an den das Haus oben und das Haus unten gefallen sind, eine Fallsucht andichteten, als ob nicht der Vetter den verwaisten Neffen Honoré für tot erklären möchte. Gerade rechtzeitig hatte sein Onkel diesen, von dem alle wussten, dass er ihn nicht gezeugt hatte, zurück an Land gebracht, anstatt ihn zu ertränken, bevor er wieder hinausfuhr auf den dunklen See. Später wird sich Honoré aus dem Erbe ein Schiff mit gläsernem Boden bauen lassen.

Wenn aber ein armes Kind wie Joseph das Dach über dem Kopf verliert, dann wird es *platziert.* Wird ein *Gemeindekind,* das keiner braucht und das man für alles braucht, *im Grunde ein totes Kind, es besitzt nichts mehr ausser seinen Kleidern und seinem Schulsack, es ist untergekommen, sagen sie, seine Unterkunft wäre richtiger auf dem Friedhof, wo eine schmutzige Geranie welkt, wenn man sich eine Vene öffnet, würden ihre haarigen Blätter das Blut stillen.*

Marion, die einst auf den Namen Marie getauft worden war und als Catherine Bücher schreiben wird, Marion also ist nicht reich, aber sie hat mehr als einen Schulsack. Die Weingüter von Saint-Prex werfen eine kleine Rente für sie ab. Im Jahr ihres zwanzigsten Geburtstags ist die Ernte schlecht, im darauffolgenden auch. Es ist nicht das erste Mal. Ausserdem legt sich der Mehltau auf die Blätter und die Reblaus macht sich breit. Im Waadtland versucht man alles, kreuzt Sorten, gründet Weinbauschulen, Fonds und Kommissionen, aber wenn auch noch der Hagel kommt, die Dachreparatur und der Frost zu früh, dann wird das Geld knapp. Sie macht die Matura, hütet Kinder in Potsdam und in England, unterrichtet in Weimar, kehrt zurück und beginnt in Lausanne zu studieren, fast allein unter Männern. Nun schreibt sie nach England: *Ich nehme allen meinen Mut zusammen, ich gehe nach Lausanne zu den Redakteuren und Verlegern und bitte sie um Arbeit und Übersetzungen.* Sie hätte heiraten können in England. Mitten hinein in die Boheme, weisse, luftige Kleider tragen, sich inspirieren lassen von Gesprächen am Teetisch, Blicke auswerfen unter breiten Hutkrempen, schreiben. Denn alle schrieben oder malten oder dachten laut und redeten und liebten hier in London im Stadtteil Bloomsbury. Wenn sie sich in Landhäusern trafen, die Künstlerinnen, Denker, Schriftstellerinnen, dann nahmen sie den Namen des Viertels mit, nannten sich die «Bloomsberries». Wenn sie sich in London aufhielten, lud Lady Ottoline Morrell an den Bedford Square, immer donnerstags. Heute zieren Plaketten die Häuser. Hier wohnte einst Bertrand Russell, dort John Maynard Keynes, eine Etage unter Virginia Woolf. Und am Bedford Square die Morrells, bei denen Marie, die auch hier Marion genannt wurde, einen Sommer lang das Kindermädchen vertrat. Lady Ottoline führt die Schweizerin herum, Kathedralen, Parks, gesellige Dinners, Ausstellungen, und findet einen *perfect match* für sie, die allen so schön und klug vorkommt, wenn auch etwas *passive*. Sie schaut zu, still, braucht keine Boheme, kein Milieu, keine Kreise um sich herum und kehrt zurück ins Waadtland.

Hier hat sie den Stoff unter den Füssen, wenn sie aus dem Haus tritt, in den Händen, wenn sie die Gardinen wäscht, vor den Augen, wenn eine Familienfeier alle zusammenführt oder sich alle versammeln in einem Haus, unter dessen Dach die Schwägerin den Schwager liebt und die Kinder eine Revolution planen. Die Kiesel am Seestrand, die Weinberge, die sich bis zum grossen Wald erstrecken, *der bis nach Basel seine korinthenfarbigen Stämme aufstellt und in seinen Fluten gebleichte Knochen wälzt,* die Kröten, Fledermäuse, Nachtschwalben, Schwimmkäfer, die gesprenkelte Weinbergschnecke, der Blick in alle Himmelsrichtungen. *Frankreich musste wie ein Federbett mit diesen Wolken vollgestopft sein.* Natürlich ist an einem Tauftag die ganze Welt versammelt. Nicht «die ganze Welt», wie man sagt, wenn man viele meint. Sondern die ganze Welt. Denn die Linien aus Gütern oder Namen und dem, was man «Blut» nennt, verkreuzen sich in alle Richtungen, reichen zum Edikt von Nantes zurück und bis zu einer Villa in Yverdon namens «Entremonts».

Aller Stoff, den sie braucht, versammelt sich im Waadtland, sie kehrt zurück, studiert, ihre Grossmutter stirbt, sie schreibt Zeitungsartikel, reicht eine literaturwissenschaftlichen Dissertation ein, die sie nicht gegen unverständige Professoren verteidigen mag. Sie heiratet einen Advokaten und schreibt Briefe an Ottoline Morrell. Die Lady schreibt zurück. Sie bedauert, wie Marion dort sitzt, in diesem langweiligen Land. Ja, *klein* ist es, antwortet diese. Man muss sich anstrengen, es zu lieben, *eng,* wie es ist, *wenig künstlerisch; seine Biederkeit lässt uns erröten.* Aber ich liebe es. Sie lebt jetzt in Yverdon und Lady Ottoline beharrt: schreiben solle sie, schreiben wie eine Künstlerin. Seit 1921 ist sie verheiratet und seit 1923 Mutter eines Sohnes. *Ich bin glücklich mit meinem Sohn, meinen Konfitüren und meinen Lektüren,* berichtet sie nach England.

Wann hat sie angefangen zu schreiben? Heimlich auf jeden Fall. Und auf den Knien, wenn die Kinder aus dem Haus sind, bald kommen sie zurück. Ein Zimmer für sich allein wird sie erst 1932 haben, da sind es zwei Söhne, die Familie lebt nun in Lausanne, und bald erscheint ihr erster Roman. Madame L. stirbt darin und ihre Tochter auch. *Wie gut die Vorsehung doch alles eingerichtet hat: die Hände der Frauen werden am Montag durch die Wäsche der Woll- und Seidensachen aufgeweicht und faltig gemacht, damit sich an den anderen Wochentagen Staub, Kohle und Besenstielsplitter besser darin einnisten können.*

In welch entlegenem Universum wäre sie zu finden, die Liebe der Männer? Nicht bei den Reichen, wo die Männer in ihren Hosensäcken laut mit dem Kleingeld klimpern, morgens mit ledernen Mappen aus dem Haus gehen, sich abends in Arbeitszimmer begeben, die nur ihnen gehören und denen allein sie genügend Heizwärme gönnen, um an ihren *Steinmännchen* zu arbeiten, die sie Werke nennen. Wenn zu viel Staub auf einem Möbel liegen bleibt, schreibt Monsieur L. den Namen seiner Frau hinein, *wie er seine Mutter den Namen der Dienstmagd hatte hineinschreiben sehen.* Bei den Armen, hat die Tochter von Monsieur L. gehört, seien andere Männer zu finden, dort gebe es die Liebe der Männer zu den Frauen. Aber sie ist nicht arm und wirft sich vor den Zug, will hin zu ihrer Mutter, die erfroren ist, mitten in der Stadt, mitten in der Wohnung. Nun weint Monsieur L., *mühsam, wie jemand, der es nicht gewohnt ist,* und der treulose Liebhaber der Tochter ist erleichtert.

Eine Männerwelt. Wie sollten die Frauen nicht auf die Ungerechtigkeiten stossen, da doch der Stoff durch ihre Hände geht. Einmal verheiratet, wirst du dich wundern, sagt Madame L. zu ihrer Tochter. Über *die grosse Strapazierfähigkeit ihrer Hosenträger, verglichen mit unseren Strumpfbändern.* Und erst die Hosenknöpfe der Männer: *ihre Schneider nähen sie mit einem so starken Faden an, dass du in keinem Laden seinesgleichen findest.* Wie sollten es die Frauen nicht sehen und sich wundern. Die Häuser aus Stein gehören ihnen nicht, aber aller Stoff, der diese ausstattet und die Bewohner kleidet, geht durch ihre Hände, Häuser in Häusern in Häusern, eine *schwarzwollene Pellerine* zieht durch die Romane, Zuflucht für die Traurigen.

Marie-Marion, fast schon ist sie Catherine, hat angefangen zu schreiben. Wer hätte geahnt, dass sie als mutterlose Mutter durch die Tage geht und unentwegt beobachtet. Wie die Röcke der Frauen, wenn sie durch Geröll streifen, *einen Augenblick lang dort ein Blatt, hier ein braunweiss gerilltes totes Schneckchen mitschleppen.* Wie in *beidrechten Betttüchern aus* leinwandartig gewebtem Stoff, auch Doppelkörper genannt, *wenn sie in der Morgendämmerung zwischen den Apfelbäumen aufgehängt wurden, sich rötliche Zeilen abzeichneten, unter der Sonneneinwirkung aber langsam verblassten.* Und wie die Menschen an Dinge glauben, an die sie nicht glauben. Von Madame de Goson sagen sie, sie habe ihre Nase *geerbt.* Wie denn, *durch jene den Familien eigentümliche Physik, der allein zufolge ein Gegenstand gleichzeitig hier und anderswo sein kann, geerbt von Grossvater Courrendlin, der sie jedoch, sein treuer Émile hätte es bezeugen können – mit ins Grab genommen hatte?*

Seit sie schreibt, ergiesst sich ein Strom von Namen und Begebenheiten auf die Seiten, als wäre jede Gelegenheit die letzte. Ein Pfarrer heizt für die Kinder im Katechismusunterricht nur mit kaum getrockneten Himbeersträuchern und behält das Klafterholz der Gemeinde für sich, auf Valéries linker Schulter erscheint der breite Träger ihres Unterrocks aus grobem, grauem Jersey *in dem Moment, in dem Ursule sie auslacht,* das Mädchen Célestine bringt abwechselnd Rostbirnen und rote Mundnetzbirnen und wie bemerkenswert, dass auf die Rückenlehnen der guten Stühle Tiere gestickt sind, aber *nur solche, die man jagt oder fischt, weder Wanzen noch Mücken, sondern ein Eichhörnchen, ein Wildschwein und den kleinen Fuchs, der des Morgens mit seinen Brüdern im Gebüsch schreit.* Als könnte der Stift, einmal abgesetzt, nicht wieder angesetzt werden.

Ihr erster Roman erscheint 1934. Auftritt der Schriftstellerin auf der Bühne der Aufmerksamkeit: Wo hat sie das alles her? Den Stoff, den Stil, die Gewissheit? Das Manuskript hat Madame Jean Reymond, getauft auf den Namen Marie, genannt Marion, nun Marion Reymond, einer Jury unter dem Pseudonym Claude Dessiex unterbreitet, erscheinen wird es unter dem Namen Catherine Tissot. Man vergleicht sie mit Virigina Woolf. Aber sie habe, sagt sie, von dieser fast nichts gelesen, spät erst die Tagebücher. Sie ist keine andere. Aber wie lautet ihr Name?

Im zweiten Manuskript nennt sie sich Catherine Charrière, Auszüge publiziert sie unter dem Namen Catherine Salvagnin. Lauter Namen aus der Mutterlinie. Aber auch das sind Namen von Vätern, also nennt sie sich weiterhin Catherine, aber nun Catherine Colomb, wählt ihren Vaternamen, mit dem sie als Kind mutterlos geworden ist im Schloss von Saint-Prex am See. Vollständig erscheint der zweite Roman 1945 nicht als «Chemins de mémoire», wie sie getitelt hatte, sondern als «Châteaux en enfance». 1953 folgt der dritte, 1962 der vierte, nun bei GALLIMARD in Paris. Sie erhält dafür den *Prix Rambert,* als erste Frau.

In ihrem Leben sei nicht viel passiert, wird sie sagen. Bin aufgewachsen, dann Lausanne, Deutschland, England, Rückkehr, voilà. *Mais non,* sagt sie zur Journalistin, den Haushalt habe sie gern gemacht, *vor allem die Waschtage.* Es stecke *eine Art von Freiheit* in dieser Arbeit, man bearbeite das Haus *wie der Weinbauer den Rebberg.* Geschrieben habe sie, wenn es ging, ohne Plan und weil es dringend war. «Trop de mémoire» will sie ein Buch nennen. Aber vieles kommt zur Erinnerung hinzu. Es gibt keinen Krieg in ihrem Land, während man rundherum nicht weiss, wie die Toten zählen und die Vertriebenen aus Häusern, die dem Erdboden gleich sind. Sie schreibt, nun geht es leicht, ihre Kinder sind gross, da fällt eine Bombe in Japan, «Little Boy» genannt. Fotografien und Erzählungen gehen um die Welt und erreichen den Genfersee.

Eine Bombe fällt. Fast ist der Krieg vorbei, die Kinder schauen auf, sehen das Flugzeug, sie halten sich Augen und Ohren zu, von manchen wird nur ein in Asphalt gebrannter

Schatten übrig bleiben. Die Sonne ist rot, ist sie auch heruntergefallen? Ein Wolkenpilz wächst in den Himmel, wohin ist die Luft zum Atmen verschwunden? Was hat sie verschluckt? Bald fällt schwarzer Regen. Wer überlebt hat, geht aus der Stadt, lange Reihen von Menschen, und der Tod fächert sich auf, über Tage und Wochen, Monate und Jahre. Man weiss nicht, wie zählen. Aber überall gilt es nun zu zählen, und in der Stadt am Genfersee auf ihrem Papier erscheint jeweils abends *der Zug der kriegsversehrten Kinder.*

Wie hat es sich zugetragen, *dass es den Geschossen gelungen war, diese schmalen, mageren Glieder zu treffen; vom Flugzeug aus waren sie nicht besser sichtbar als eine Lerche, die sich aus der braunen Furche aufschwingt und den Frühling ankündigt.* Sie lassen sich zählen, ebenso ihre Glieder, *ihrer zwanzig besassen nur dreissig Beine.* Sie baden am Rand des Sees und die waadtländischen Schwangeren, die zu lange hinschauen, bringen Kinder ohne Glieder zur Welt.

Sie schreibt, die Ereignisse stempeln sich in Körper und Seelen, fallen ihr vor die Füsse, sie schreibt. Denn verstümmelt und getötet werden immer *die Kinder der Mütter.* Überall sind Kinder von Müttern. In den Stammbäumen spriessen sie aus Zweigen, knicken ab, treiben Sprösslinge. In den Salons der waadtländischen Schlösser: lauter Kinder von Müttern. In den *Zimmern mit vergitterten Fenstern,* in die man die Dienstboten einsperrt, vor denen sich die Hausherrinnen *insgeheim* fürchten: lauter Kinder von Müttern. Ebenso im Stall, wo die Stallknechte unter Schlägen zusammenzucken. Auch er ist ein Kind einer Mutter: Der erblindete Patriarch, in seinem Park legen Bauarbeiter die Spur für eine Autobahn. Er lebt jetzt bei seiner Köchin, die ihn pflegt. *Ich war ein Baum, ein Stamm, Äste, und die Vögel wohnten in meinem Laub, der Stamm ist gefällt, ich bin nur noch ein Haufen Späne.*

Ist das die Revolution, die die Kinder ausgeheckt haben? Barbara, Tochter aus gefälltem Holz, Joseph, Sohn des Friedhofs-gärtners, der seinen Vater hat brennen lassen, Honoré, dem Seinen auf dem Grund des Sees entronnen. *Wenn die Revolution ausbrach und es nur noch Kinder gab auf der Welt, so gleich, so rein, so aufrecht auf ihren Barrikaden, wer da? gefragt, würden sie sagen: waadtländische Revolution! und sie würden tot umfallen.* Also ein Sturm. *Wie wollen wir ihn nennen, diesen Sturm da? und welchen Namen für die Flutwelle, für die Lawine, für Hermines Krebs?* Es kam einer, den nannte man *Europa, breite Front, zog wie der Hagel daher, da er ebensowenig nach links oder rechts schauen konnte wie eine Kanonenkugel, die einen Graben durch die Rotjacken riss, seine Flanke ertränkte einen Sattler, der von seinem Boot aus fischte, sein Haus und sein Geschäft blickten auf.*

Da besteigen die Mütter ein Schiff.

Das *Schiff der Mütter,* das Schiff «Danae», hier sind sie ge-schützt vor den Göttern. Barbara hat den Goldregen empfangen und ein illegitimes Kind geboren, *alles droht wieder von vorn anzufangen, Barbara lebt in den ersten Tagen der Welt!* Alles beginnt von vorne, Erbgänge, Güter, Stammbäume treiben Blüten und zersplittern, am Boden liegt Laub, die einen schauen durch vergitterte Fenster in die Nacht, die andern sitzen auf bestickten guten Stühlen, Kriege, Fluten, Brände und Stürme. Sie schreibt und schreibt, von Marie Bembet und Onkel Alphonse und der Hebamme, alle sind immer nah am Tod, gehen in ihn oder klammern sich ans Leben, während Krebsgeschwüre in ihnen wuchern oder das Gift eines Pilzes sich ausbreitet. Da besteigen die Mütter ein Schiff, und Joseph, der Vatertöter, der den Namen eines Vaters trägt, den Namen des Vaters ohne Ge-wissheit, des Verbündeten der Mütter, Joseph läuft ans Ufer. Er läuft ans Ufer, hinter ihm brennt der Hof, das Schiff der Mütter nimmt ihn auf, nun ist er mit Barbara im Garten Eden.

Die Trauben reifen, die Grossmutter breitet eine Pellerine aus schwarzer Wolle aus. Wenn man es darin vergräbt, wärmt sie das Gesicht, fast wie eine taubengraue Mutterschürze. Da war alles gut, wird sie, Marie-Marion-Catherine, später sagen, ich habe die Mütter im Paradies gesehen, das Ende der Geschichte gefunden.

Das sagt sie und schreibt weiter, immer noch nur auf den Knien, nie am Tisch, kariertes Paper, nicht liniertes, schreibt und schreibt. Denn immer fängt alles von vorne an, werden Frauen Mütter und Menschen Kinder.

Wenn nicht anders eingeführt, stammen die Zitate in diesem Porträt aus den Romanen von Catherine Colomb. Sie sind den im Verzeichnis aufgeführten deutschen Übersetzungen entnommen. Alle anderen Zitate stammen aus dem Band «Tout Catherine Colomb» (2019) sowie aus einem RTS-Fernsehinterview; diese Zitate erscheinen hier in eigener Übersetzung.

Goldy Parin-Matthèy

Katzenkind

Einmal beherbergt sie eine Nacht lang einen echten Fuchs in ihrem Zimmer. Sie lässt ihn von der Kette, er zerbeisst ihr Kleid, zerkratzt ihre Füsse, zerfetzt Zeitschriften. Diese Nacht ist lang. An Schlaf ist nicht zu denken, stattdessen amüsiert sie sich. Warum auch sollte das Tier gefangen sein und warum der Fuchs. Sie liebt ja einen Fuchs, später auch noch einen Tiger, ein Wildtier wie ihr Bruder, das *Löwentier,* mit dem sie im selben *Bau* aufgewachsen ist, Sohn und Tochter einer Dächsin, *die mit ihren schwachen, zarten Händen Höhlen gräbt für ihre Kinderlein* und ihnen die Geschichte von Nils Holgersson vorliest.

Sie selbst ist ja eine Katze. Aber nicht nur: *ich glaube, dass ich in meiner schwarzen Seele immer gleichzeitig ein Vogel bin und die Katze, die ihn frisst.*

Seelen wie Tiere haben die Menschen, jedem das Seine. Und nicht immer taugen Taufnamen, um die zu benennen, mit denen man Umgang pflegt. Sie ist eine Katze und heisst schon lange nicht mehr Elisabeth Charlotte. Als Kind in Graz wurde sie zur Goldi, später Goldy, und im Jahr 1937, als sie in den spanischen Bürgerkrieg zog, um in Albacete ein Spitallabor aufzubauen und die Republik zu verteidigen, da trug sie einen *nom de guerre* und hiess Liselotte. Ihr Bruder schreibt ihr Briefe ins französische Lager Saint-Zacharie, wo sie nach der Flucht aus Spanien wie andere Angehörige der Internationalen Brigaden festgesetzt ist. Er nennt sie Losiletti und holt sie nach Zürich, ins Land, aus dem die Familie des Vaters einst nach Österreich ausgewandert war. *Nach dem verlorenen Krieg* wäre sie lieber nach Mexiko oder China gegangen, stattdessen muss sie *als Schweizerin in die Schweiz gehen.*

141

Sie weiss umzugehen mit Bedingungen, die andere und anderes ihr setzen. Die Mutter war 1920 auf einen Schlag zur *Dächsin* geworden, als der Vater den Druckereibetrieb verlor, der die Familie mit Wohlstand und die Stadt mit farbenfrohen Werbeplakaten versorgt hatte. Seither brachte sie die Familie durch, besorgte als Spetterin fremde Haushalte und *blühte richtig auf,* während der Vater in Traurigkeit versank. Weichen wurden gestellt. *Ich hätte gerne Medizin studiert, aber es war ja kein Geld da, und es war mir völlig klar, dass wenn einer Medizin studiert, es mein Bruder, der Gustl sein muss. Ich fand das auch ganz in Ordnung und ich musste für mich selber schauen.* Ein Katzenkind ist herangewachsen. Sie studiert also nicht Medizin, sondern lernt Keramikerin. Aber lieber als mit Töpfen will sie mit Menschen zu tun haben und deren Innerstes erkunden. *Ja, die Neugierde ist es, die mich zieht, und der Wunsch zu verstehen, wie das alles läuft.* Am Spital in Graz lässt sie sich zur Laborassistentin ausbilden und lernt das Röntgen. Im Januar 1944 wird sie aus Zürich dem geliebten *Fuchsentier* nach Lugano schreiben: *Würdest du mir nicht einen Blutabstrich von Dir schicken? Allen Bekannten mach ich Blutbilder u. von Dir, wo mir einzig daran liegt, weiss ich nichts.* Auch ohne Blut erkennt sie, wer Fuchs, Dächsin oder Löwentier ist. Aber mit Blut ist besser. Es ist ja dasselbe Herz, das im selben Moment liebt oder trauert und schlägt und pumpt. Und das Blut hat den Vorteil, dass es der *Genauigkeit des Labors* zugänglich ist. *Ich sah, was ich sah.*

Der Körper, mit Haut und Haaren, ist Organ der Seele. Also hat einer Fuchshaare, eine andere gräbt wie eine Dächsin.

Vielleicht deshalb begeistern sie Krankheiten: Es gibt viel zu sehen. 1946 schliesst sie sich einer Ärztemission der CENTRALE SANITAIRE SUISSE an und baut im bosnischen Teil der Volksrepublik Jugoslawien eine Poliklinik mit auf. Bald kriegt sie *immer schwerere u. interessantere Fälle* und hat *ganz grosse Freude*, wenn sie Spirochäten in einem Blutbild entdeckt. Sie nimmt Abstriche, sichtet Blut, besichtigt Frakturen. Politisch hält sie nichts mehr in Prijedor, seit ihr ein Oberst befohlen hat, *die Mütze gerade aufzusetzen und die Knöpfe der Uniform ordnungsgemäss zu schliessen.* Aber *medizinisch ist es einfach schön hier.* Die Körper sprechen, murmeln leise oder klagen laut, manchmal überschlagen sich ihre Stimmen. *Ich hätte viel mit den ärztlichen Fähigkeiten anzufangen gewusst,* sagt sie. Wie eine Sprache, die man lernen kann und auf die sie sich versteht. Eine Syntax verbindet Ödeme mit Bakterien, Herzrhythmus und Infektionen bilden einen Satz.

Die Medizin hätte ihr gefallen und die Präzision des Labors liegt ihr. Bald lernt sie ein weiteres Verfahren, es ist weniger genau, aber genauso methodisch. Ein *Schwimmen* im Reden der andern namens Psychoanalyse, ein *Nicht-sicher-sein*. Es macht die Rückkehr aus Jugoslawien, wo sie zusehen muss, wie *mutige Partisanen* zu *Schülern der Stalin-Bibel* werden, annehmbar, die Aussicht, *ohne Geld u. Arbeit in der Schweizer Malaise zu hocken,* halbwegs erträglich. Sie schreibt dies an den Geliebten in Zürich, den Fuchs mit Namen Paul Parin, hat *steife Pfoten* und ein vor Einsamkeit *gesträubtes staubig Fell*, ist *ganz verwildert mit Stachelzotteln rundherum.* Sie kehrt also zurück in die Schweiz, auf dem Umweg über Mazedonien, Dalmatien und Belgrad, in Zügen *manchmal auch zwar stehend auf 1 Fuss,* aber meist im Schlafwagen, quer durch die Schweiz bis nach Paris, so weit das Geld reicht. Den Platz im Zug und die Tage in der *schönen Stadt* teilt sie mit einem Tiger. Am 20. November 1946 schreibt sie nach Zürich: *Ich komm morgen. Salud Goldi.* Darunter: *Sehr herzlich grüsst Dich Fritz.*

Von jetzt an sind sie zu dritt und in Zürich, meistens jedenfalls, sicher wird ein Hauptquartier aufgeschlagen: Goldy

143

Matthèy, die Katze, Paul Parin, der Fuchs, und Fritz Morgenthaler, der Tiger. Nacheinander begeben sie sich in die Psychoanalyse, zuerst Paul, Assistenzarzt für Neurologie, dann Fritz, Assistenzarzt für Kardiologie, dann Goldy, die Laborantin. In Jugoslawien hatten sie von Rudolf Brun erfahren, gelesen, wie sein jüngstes Buch in der NEUEN ZÜRCHER ZEITUNG verrissen wurde und darauf einen Beschluss gefasst: *zu diesem Analytiker müssen wir hin.* 1952 eröffnen sie am Utoquai 41 eine psychoanalytische Gemeinschaftspraxis, ein halbes Jahrzehnt später werden sie in Zürich das Psychoanalytische Seminar gründen.

Die Katze verrichtet Dächsinnenwerk und führt vorerst ihr Labor für Blutanalysen weiter, *von dem wir alle lebten.* Seit ein paar Jahren schon sichert sie damit die Lebensgänge von Mutter und Bruder, möglicherweise auch die von Fuchs und Tiger.

Für sie heisst es: Sie kann *beides* tun. Im Labor sehen, was das Blut mit sich führt, und in der Rede – und im Schweigen – der andern schwimmen. Zuhören, wer sich welches Fell hat wachsen lassen, wann das eine sich glättet, weshalb das andere struppig ist, wer nackt durch die Tage geht und welche Geschichten der Schlaf spinnt. Die Psychoanalyse, so wird das Trio Matthèy, Morgenthaler, Parin 1963 im Buch schreiben, das sie alle drei berühmt machen wird, gehe davon aus, *dass alle seelischen Regungen, die gesunden wie die, die sich krankhaft auswirken, auf die Beziehung zum anderen Menschen übertragen werden.* Das macht die psychoanalytische Technik sich zunutze und offeriert den Patienten Anlässe dazu. Sie ist geduldig, das *Richtige* wird schon kommen. Auf jeden Fall muss man darauf verzichten, die *eigenen Meinungen und Gedanken durchzusetzen.*

Am 26. September 1954 ist fast alles bereit. *Der grüne Jeep ist da und viele Visas und gestern kam das I. geliehene Feldbett mit Moskitonetz ... Ein Tropenhelm von Papa Parin ist auch da und eine Schrotflinte für die wilden Perlhühner in der Wüste.* Natürlich kommt auch eine Kamera mit, ebenso Papier und Stifte. Sie haben sich geübt darin, das Richtige kommen zu lassen und Verzicht auf eigenes Meinen zu leisten. Nun probieren sie aus, ob man damit aus der *Pattsituation des Kulturenvergleichs* herauskommt. Sie reisen zu dritt nach Westafrika, mehrmals, und setzen, wie sie es formuliert, die Analyse in der Ethnologie fort. Bei den Dogon im heutigen Mali führen Paul Parin und Fritz Morgenthaler Gespräche mit Männern, täglich eine Stunde. Die Frauen sind schüchtern und sprechen nicht gut genug Französisch, also macht die Frau aus dem Trio mit ihnen Rorschachtests. Goldy Matthèy setzt ihnen Tintenkleckse vor und fragt, was sie sehen.

Amadu Dolo sieht einen Frosch, einen Elefanten *en face,* zwei Geister auf Baumästen, *das Rote ist eine Lianenblüte,* und *einen Sperber, der sich getötet hat, indem er mit einem Baumast kollidierte.* Bokari Dolo sieht einen erstickten Baum, *es sind zuviele Bäume, es ist zu eng, das Rote erstickt.* Ali Dolo: *Frosch des ersten Regens, der hinaussteigt, der Körper ist vom Wasser berieselt.* Und: *2 Personen, die kämpfen, einer gegen den andern, sie sind im Kampf, Köpfe gegeneinander, ich habe genau hingeschaut, wie sie kämpfen. Das ist alles.* Dommo Wolomo sieht Tiere sich die linke Hand geben, und dass eine Frau nicht hat wollen! *Wie wenn die Vögel auf die Nasen der Tiere steigen, wollen diese das nicht und kämpfen gegen die Vögel ebenso.* Manchmal ist *nichts zu sehen.* Nicht alle mögen die Tests, manche geniessen sie, aber sie rufen auch *deutliche Verstimmungen* hervor.

Wie sind die Gewichte verteilt in dieser Beziehung zwischen der Psychoanalytikerin aus der Schweiz und den Frauen in Mali, denen *Röntgenbilder der Seele* abgenommen werden? Wer gibt und wer nimmt was? Vor dem Trio, das mit Papier, Bleistift, Fotokamera und Tintenklecksen ausgestattet zum Hören und Sehen da ist, sind schon viele andere aus Europa gekommen und haben genommen – Leben, Arbeit, Wissen, Dinge. Die Psychoanalytiker aus Zürich geben den Dogon Geld, damit sie nicht mit Kolonisatoren verwechselt werden. Sie glauben auch nicht an eine *Völkerpsychologie.* Sie interessieren sich nicht anders als in Zürich für die Einzelnen, denn es gibt *die gleiche Dynamik der seelischen Vorgänge* hier wie dort. Anders ist, was man «Kultur» nennt. Wie Kinder umsorgt werden und der Tod gebannt wird, wie Güter aufgeteilt und Namen weitergereicht werden. Wie all dies eingreift in das Begehren der Menschen, ihnen eine *Umwelt* ist, die sie formt.

Dazu muss man vergleichen und eine Untersuchung ist deshalb nicht ausreichend. *Es galt ein Volk zu finden, das in vergleichbarer Gegensätzlichkeit zu den Dogon stand.* In den Agni finden sie die gesuchte *Antithese,* eine Gesellschaft, die mit den Dogon die *westafrikanischen Gegebenheiten* teilt, die Menschen aber anders zusammengehören lässt. Nicht wie bei den Dogon in die väterliche, sondern in die mütterliche Linie reiht sich das Kind hier ein. (Allerdings trägt es den Namen des Vaters, damit es nicht – was leicht geschehen kann – zurückkehrt in die Geisterwelt der mütterlichen Ahnen, aus der es gekommen ist.)

Hier bei den Agni kann sie mit den Frauen lange Gespräche führen. Mit Suzanne *38mal eine Stunde.* Suzanne nennt sich auch Pauline, Frau des Mannes, der Paul Kouassi heisst, vorher rief man sie Eba Akoumbra. Ihr Umgang mit Namen sei *labil,* notiert die Psychoanalytikerin, sie wuchs in verschiedenen Haushalten auf, hat ihr Herz an einen Mann gehängt, der nicht zu ihr hält, und ständig kommen *Maschinen* in ihr Leben, zerstören Häuser und Pflanzungen. Also *bewaffnet sie sich* mit ihrem Sohn, den sie zu den Treffen mitbringt und dort stillt.

Wie ein Kind genährt und gehalten wird, mit Händen oder Tüchern, wie viel Abstand zwischen seinem und dem Körper der Mutter liegt, wer es schlägt und wer sich ihm freundlich zuwendet – alles ist wichtig und wird notiert. Zwar durchkreuzen die Agni die Untersuchungsanlage der Psychoanalyse: Sie zählen die Wochen, Monate und Jahre des Kindes nicht, was es schwierig macht, das an der HARVARD UNIVERSITY entwickelte Verfahren zur Kinderbeobachtung anzuwenden.

Doch auch so lässt sich genau hinschauen: Wie Yosso ihren Säugling badet, sitzend auf dem Schemel, ausgestattet mit Puder, Tüchlein, weisser Tonerde, Seife, *beurre de karité,* das Wasser sauber. Wie sie *ganz geduldig, gleichzeitig zart und fest* das Kind badet, partienweise, das Kinnchen dreht und legt, dazwischen das weinende Geschwister auf den Rücken bindet, weitermacht. Wie der Säugling sich *ständig wohlig streckte und wand.*

Yosso pflegt das Stillkind wortlos zugewandt. Mit den grösseren *ist die Mutter robust* und spricht mit ihnen. Die *Madame,* wie die Agni die Psychoanalytikerin aus der Schweiz nennen, die Frau mit Stift und Notizheft, Augen und Ohren, verdoppelt die Szenerie und beobachtet ebenfalls wortlos zugewandt. Alles schreibt sie auf. Was gesagt wird, welche Gesten die Worte begleiten, wie sie einander widersprechen, ob der Körper sich regt. Wer sie beobachten würde, müsste notieren: wie ganz geduldig, gleichzeitig zart und fest sie beobachtet und wie robust sie schlussfolgert. Das Kind sei der Mutter nicht Gegenüber, sondern Befriedigung, schreibt sie über Suzanne.

Manchmal wird aus Beobachtung Therapie und es gelingt eine Heilung. Bevor sie abreist mit ihren Gefährten, schenkt sie Suzanne die drei Schemel und den kleinen Tisch, die das Zelt möbliert hatten, in dem die Gespräche geführt worden waren. Suzanne wartet jetzt nicht mehr auf ihren Mann. Sie sitzt nun auf einem der Schemel unter dem Mangobaum, der dem Zelt Schatten gegeben hatte, schön gekleidet, den Sohn auf dem Schoss, *inmitten ihrer eigenen Möbel, beneidet und bewundert von den Frauen des Dorfes,* erfüllt von der Genugtuung, *doch noch etwas von ihren Wünschen erfüllt zu haben.*

Ob sich auch Kulturen heilen lassen?

Die Erfinder der Ethnopsychoanalyse wollen es glauben, denn ihre Kultur, die *abendländische Zivilisation* zerstört die Welt. Darum wollen sie in Erfahrung bringen, wie es andere machen. Ob sie möglich wäre, *eine Erziehung zu freieren, glücklicheren Menschen, die ihre Aggressionen nicht in mörderischen und selbstmörderischen Kriegen abführen, die ihre Kinder nicht opfern, ihre Erzeuger nicht hassen und ihr Liebesleben nicht verstümmeln müssen.* Für sie gehört alles, was sie aus *Neugierde* macht, zusammen. *Es ist das gleiche, wenn ich nach Spanien gehe, in Afrika Ethnologie betreibe oder Analysen mache. Auch in der Analyse habe ich das Gefühl – vielleicht ein bisschen schwächer –, auf der richtigen Seite zu kämpfen und mit feineren Mitteln immer noch subversiv zu sein.* Die Neugier ist nicht interesselos, sie hat den Zweck, *das Verschleierte aufzudecken, anzuschauen und nachzuweisen.*

Sie will Partisanin sein, Partei ergreifen, etwas verfechten oder verteidigen.

Damals in Graz, wo sie heranwuchs, wurden sie und ihre Freundin Maria Biljan von den Nationalsozialisten an den Haaren aus der Grazer Oper gezerrt. Sie ist nicht eingeschüchtert, ist Teil *einer Gruppe junger Sozialisten, eine wilde Horde, die Aktionen gegen Diktatur unternahm.* Und wo immer sie ist, findet sie Gleichgesinnte, die sich die Verhältnisse auch nicht verschleiern lassen. Im Juli 1943 schaut ihr Gefährte Paul in Lugano auf die *unwahrscheinlich schönen Bergrücken* und denkt daran, wie dort *Nacht für Nacht die Deutschen Jagd auf Juden und Antifascisten machen, die nach der Schweiz wollen,* wie diese an der Grenze zurückgeschickt werden, und wie das Hereinlassen anderer, die *mit dunklen Devisengeschäften und Belebung des Schwarzhandels* reich werden, dem Land *die moralischen Argumente* liefert *für jenes düstere Tun an der Grenze, jene hohe Ethik, die sie sonst rein aus dem Kochtopf beziehen müssten.*

Alles, was wichtig ist, teilt sie mit andern: Gedanken, das Leben, die *gemeinsame Rebellion*, die sie immer wiederfindet, *als eine der Glücksbedingungen meines Lebens.* Sie hat einen Namen dafür, nennt es *Brüdergemeinde.* Ein Gefüge aus Beziehungen und Anliegen, das keine festen Ränder hat, aber enge Maschen. Immer schon war in ihrem Leben ein Bruder. August, Gustl genannt, sie schreibt ihre Briefe an Gusticek, sie sprudeln über, sein zu früher Tod wird eine Lücke reissen, die nicht zu schliessen ist. *Mein lieber schwarzer Dschungelpanter, Deine Schnauze soll feucht und kühl sein, wie es sich für alle lieben Tiere gehört.* Am 26. September 1954 berichtet sie ihm von den Tuareg, die sich erzählen, die ersten Menschen seien von einem Geschwisterpaar gemacht worden. Das Brüderchen verwandelte sich in einen Wüstenfuchs und kam zur Schwester, die in einer Orchideenblüte wohnte. In ihrem Leben war immer schon ein Bruder. Was hätte also selbstverständlicher sein können, als dass damals in Jugoslawien zum Fuchs mit Namen Paul noch ein Tiger namens Fritz dazustiess. Dass Fritz Ruth heiratet, die Schwester von Alice, die mit August verheiratet ist? Briefe gehen hin und her, Passagen, die andern vorzulesen sind, werden markiert, Fritz lässt Goldy wissen, was sie im Brief an Ruth nachlesen kann.

Und ohne sie, schreibt Paul einmal, *zerfällt alles.* Auf sie kommt es an. Sie wacht, hütet, und wer Fäden spinnt, hält sie auch in den Händen. Eine Schwangerschaft im engsten Kreis erzürnt sie. Nur in den Mythen zeugen Geschwister Kinder. Doch die Schwester von Brüdern ist kein Bruder.

Menschen um sich scharen, sagt sie, sei *etwas sehr Mütterliches, Weibliches.* In Westafrika sind sie ihr aufgefallen, die mütterlichen Clans, denen es ein Anliegen ist, *viele Kinder und auch sonstige Leute hereinzunehmen,* wichtiger als das Produzieren von Gütern. Es macht sie zwar wütend, dass ihr Bruder August ihr die Sorge für die Mutterdächsin aufträgt und überlässt. Aber sie fühlt sich nicht zurückgesetzt, wenn über allen Büchern ihr Name als Letzter steht. Nach «Parin», nach «Morgenthaler». Es habe sie nicht verärgert, erinnern sich Weggefährtinnen, manchmal verschwindet ihre Arbeit ganz. Sie sei *zu faul zum schreiben,* sagt sie selbst, oder sie will einfach nicht, nennt sich *Abkatz* und vielleicht ist das ihre Freiheit: Warum selbst schreiben, wenn der andere es genauso gut kann. So enttäuscht sie jene, die nach Frauenstimmen dürsten.

Aber ihr ist bei den Agni aufgefallen, wie die Frauen *nachsichtig* sind mit den Männern, weil sie wissen, dass sie selbst *die Wichtigen* sind. Mit ihren Pflanzgärten produzieren sie die Nahrung, sichern das Leben und Überleben, während die Männer mit ihren unzähligen Kaffeebohnen wichtig tun, aber nur zusätzlichen Wert schaffen, der keine Notwendigkeit hat. Auf dieselbe Weise hat sich auch die psychoanalytische Theorie geirrt, findet sie. Hat *die Bedeutung des ödipalen Konflikts betont,* im Eingreifen des Vaters das Entscheidende gesucht und übersehen, *dass das Frühere, nämlich die Dyade Mutter-Kind, eigentlich die Weichen stellt.* Sie muss nicht ihren Namen sehen, über Worte gesetzt.

Aber die Frauen kommen zu ihr, sie spricht mit ihnen, sagt ihnen, dass sie ihre Mütter nicht für das Falsche hassen dürfen, dass sie unterscheiden müssen zwischen der *Weiblichkeit* der Mutter und den Vorstellungen, die eine Gesellschaft sich davon macht und ihr aufzwingt. Nur so können sie sich *fein, rund und gut* fühlen, wie Frauen es sind, wenn sie sich nicht darauf verpflichten lassen, das Andere des Mannes (oder umgekehrt: wie er) zu sein. Mehr braucht es nicht, und dass das Weibliche keinen Namen hat, nicht «Mensch» heisst, wie es beim Mann der Fall ist – gut! Dann kann es den Frauen auch nicht weggenommen, können sie nicht *enteignet* werden. Stattdessen können sie, wenn sie es denn möchten, den Männern verraten, was sie wissen: *dass man nicht das andere Geschlecht braucht, um ganz zu sein, dass beide sich rund und ganz fühlen können.*

Wie eine Katze, die, nachdem sie gejagt und den Vogel gefressen hat, ihr Fell leckt und sich zusammenrollt.

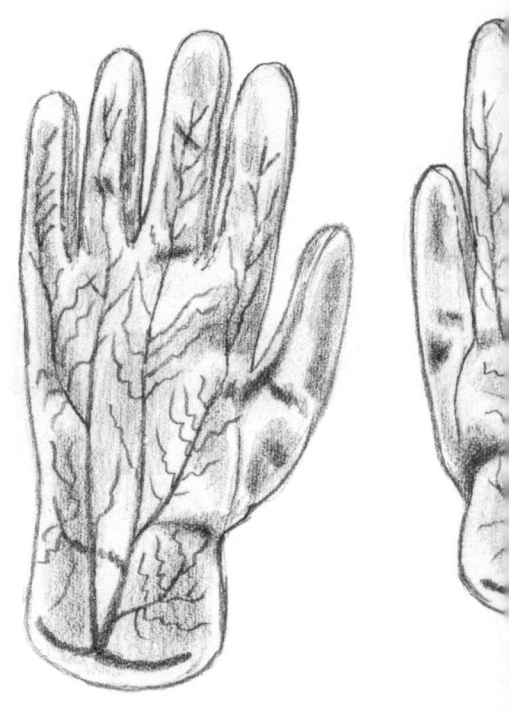

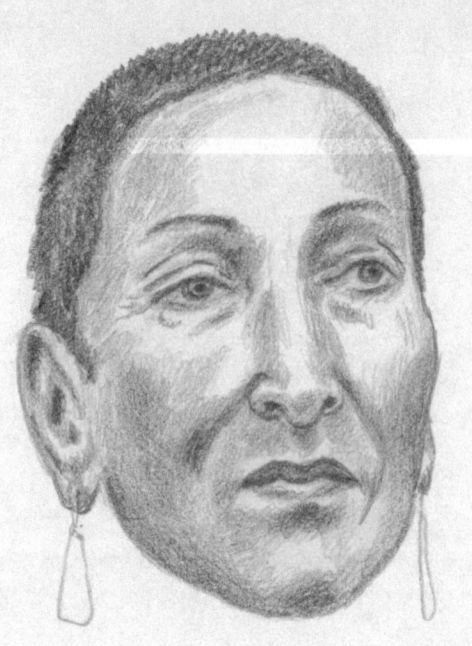

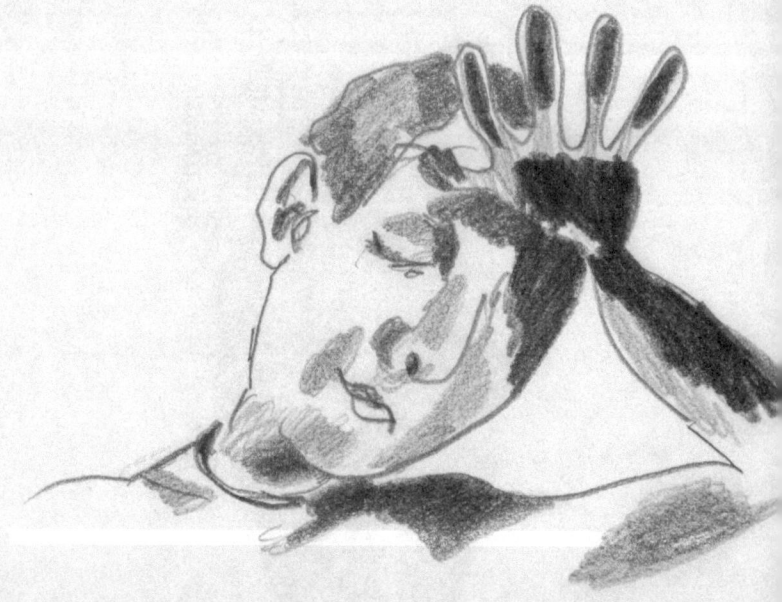

Meret Oppenheim

Auch Künstler sein

Im Winter ist alles anders. Aus Wasserfäden werden Eiszapfen,
gefrorenes Blau stürzt zu Boden, eine Absperrung sichert das
Gelände, es ist von Eiszungen bedeckt. Im Sommer fliesst
Wasser aus dem Turm aus, Moose wachsen, auch Algen, Gräser
und Farne, wie ein Pelz über die Hügel aus Kalktuff, ein verti-
kales Gelände. Der Wind bringt Sprösslinge von der Hagebu-
che, vom Japanischen Geissblatt, dem Schwarzen Holunder
und der Edelkastanie, auch vom Eichblattsalat. Liebende hängen ihre Worte an die Girlande, die um den Turm läuft, zwei
Spiralen aus Wasserrinnen, die unterirdisch verlaufen, wo
Gestein über den Beton wuchert. Die Liebenden sind hier unbeobachtet. Denn der Turm
ist ein Brunnen, kein Leuchtturm, obschon ganz zuoberst ein
Nachtwächter *mit seiner Laterne eine Runde macht und dabei ab
und zu zum Fensterladen hinausschaut.* «L'amour, c'est l'espace
et le temps rendus sensibles au coeur», schrieb einst Marcel
Proust. Der Nachtwächter sorgt für beides, den Raum und die
Zeit, seine gelegentlichen Gänge teilen die Stunden, und er
leuchtet in die Dunkelheit, mal hierhin, mal dorthin. Was er
sieht, behält er für sich, und die Worte der Liebenden fallen wie
Blätter in die Rinne und fahren als Schiffchen um den Turm.
Der Brunnen steht seit 1983 auf dem Waisenhausplatz in
Bern, ein bisschen abseits, unweit der Aare. Seine Herkunft ist
unbekannt. *Man weiss nicht,* hat Meret Oppenheim gesagt, *woher die Einfälle einfallen.* Sicher ist er ihr eingefallen. Etwas höher
und dünner hat sie ihn entworfen, und ohne vom Gestein zu
ahnen, das sich auch ansiedeln sollte, neben dem Wasser und
dem Gewächs, für das sie den Turm bestimmt hat. Zum Einfall

155

gehörte also auch, dass der Turm seine Haut wechseln würde mit den Jahreszeiten, von den einen geliebt, den andern ein Ärgernis. Sie wollte allen eine Freude machen. Der Brunnen ist, wie er ist, denn *jeder Einfall wird geboren mit seiner Form*.

1932, mit 18 Jahren geht sie nach Paris. Das Gymnasium hat sie mit dem Einverständnis der Eltern abgebrochen, sie will Malerin werden. Im Louvre allerdings, wo ihre Künstlerfreunde sie morgens hinschicken, hat sie *nichts* gesehen, wie sie abends berichtet. Dagegen sieht sie etwas in Giacomettis Ohr, *ein Händchen, aus dem zwei Pflanzen entspriessen*. Sie zeichnet, was sie sieht, später wird ein Objekt daraus. Sie schreibt auch Gedichte, lässt Himmel auf Teller tropfen und Wasserrosen ihre Augen aufschlagen. Es ist, schreibt sie an die Mutter, *nicht unnötig,* in Paris zu sein, das heisst: unter Künstlern. Man könnte zwar *im Urwald zu den gleichen Resultaten kommen,* aber es ist *doch viel mühsamer als in einer Atmosphäre, die einen anregt.* Nicht weniger, aber auch nicht mehr. *Es geht schneller.* Schon nimmt sie an den Gruppenausstellungen der Surrealisten teil, bald wird sie eine Tasse, einen Unterteller und einen Löffel mit Gazellenfell überziehen. Der Einfall kommt auf leichten Füssen ins Café, schlüpft ins Gespräch, das sie mit Dora Maar und Pablo Picasso führt.

Vom Politischen höre ich genug, schreibt sie 1933 immer noch aus Paris an die Eltern im süddeutschen Steinen. Sie liest nun die französischen Zeitungen und in Deutschland sind die Nationalsozialisten an die Macht gekommen. Ihr Vater, ein Arzt, ist jüdischer Herkunft, ihre Mutter eine Schweizerin, die in Lörrach auf ein Bild Hitlers spuckt. Sie wird inhaftiert, kommt frei, reist mit den Kindern in die Schweiz, später kommt der Vater nach. Von ihm heisst es, er stehe auf einer Deportationsliste. In die Schweiz gerettet, darf er, ein Ausländer, nicht arbeiten. In Paris ringt die Tochter mit dem Auskommen, sie entwirft Schmuck, der nicht zu verkaufen ist, ein Vogelnest, das im Ohr sitzt, Hundezungen auf Hüten, um den Hals gelegte Damenbeine, Knöpfe aus Kieselsteinen, einen gedeckten Tisch als Brosche, Ringe aus Würfelzucker, einen Pullover mit Taschen für die Brüste, für drei Personen einen Hut. Bevor sie in die Traurigkeit versinkt.

Später wird sie sagen, etwas habe auf ihr gelastet, *ein düsteres Netz, eine Verdunkelung, ein Schatten, ein Schleier.* Lassen sich noch mehr Worte dafür finden? *Der Lebensfunke flackert nur und ist am Erlöschen.* Sie habe sich in diesen Jahren, es begann 1937, den Weg von Träumen weisen lassen. Noch bevor der Krieg ausbricht, zieht sie von Paris nach Basel, wohnt im Haus der Eltern, lernt ein Handwerk und wird Restauratorin, sie heiratet, lebt in Bern, Thun, Oberhofen, sommers im Tessin, in Carona. Sie arbeitet, *versucht,* aber es gelingt *sehr wenig.* Ihre Hände fühlen sich *gebunden* an. Es dauert lang, dauert an. Die Jahre, in denen auch die Städte verdunkelt waren und dennoch Bomben fielen, sind längst vorbei. Dann, endlich, 17 Jahre später, steht sie nach einer *vor Freude* fast durchwachten Nacht auf und weiss: die Dunkelheit ist vergangen, sie hat überwintert. In Bern bezieht sie ein Atelier und lebt in der Altstadt, wie viele andere, die die Stadt in diesen Jahren zu einem Treffpunkt der Boheme machen. Tänzer, Künstlerinnen, Musiker, die tun, was ihnen gefällt, eingefasst und unbeeindruckt von geraniengesäumten Gassen.

Im April 1959 lädt sie zum Festmahl. Frühmorgens hat sie weisse Windröschen gepflückt, nachmittags die Speisen zubereitet, abends eine junge Frau abgeholt. Das Atelier eines befreundeten Malers ist von Kerzen erleuchtet, auf dem Tisch liegt nackt die Frau, ihre Haut leuchtet unter einer Creme aus Goldbronze und Vaseline, um sie sind Mimosen und Rosen aneinandergelegt und voll kandierter Früchte, auf ihr Langusten,

Champignons, Beefsteaktatar, Himbeeren, Schlagrahm mit Schokolade. Es essen drei Männer und drei Frauen, später auch die junge Frau selbst. Es ging, wird sie berichtigen, nicht um *die Frau als Lustobjekt für die Männer.* Es war *ein Frühlings-Fruchtbarkeits-Ritual für alle.* Das Festessen fand dann noch einmal statt. Eher widerwillig und gedrängt wiederholt sie es für eine Surrealistenausstellung in Paris – nicht als die Sache selbst, sagt sie, sondern als *allegorische Darstellung der ursprünglichen Idee.* Oder als Kommentar zum Surrealismus? Wie ein *Jargon* kommt dieser ihr vor, schon seit Jahren. Eine Darstellung seiner selbst, hat eine Sprache erfunden, um nur von sich zu reden. Vielleicht muss alles, was die Idee der Form verpflichtet, einmal erstarren. Sicher begeben Frauen sich in Gefahr, wenn sie sich den Anhängern einer neuen Form anschliessen. Sie mögen ein Werk schaffen, das diese neue Form verkörpert, aber nie lässt man sie die Kunst verkörpern. Seit 1936 steht im Museum of Modern Art in New York ihre Pelztasse. Weltberühmt ist dieses Werk, aber kaum jemand kennt den Namen der Künstlerin, dagegen viele ihr Gesicht und ihre nackte Haut, so wie Man Ray sie farbverschmiert an einer Druckerpresse fotografiert hatte, als sie nach Paris gekommen war.

Wie man sich eine Muse vorstellt.

Wir leben, wird sie 1975 sagen, seit *tausenden von Jahren im Patriarchat,* mit 17 Jahren habe ich begriffen, dass Frauen *eine Ware sind.* Sie benennt jetzt den Schatten ihrer schweren Jahre. Es war, sagt sie, *als würde die jahrtausendealte Diskriminierung der Frau auf meinen Schultern lasten, als ein in mir steckendes Gefühl der Minderwertigkeit.* Die Kunst hat kein Geschlecht, auch Frauen sind *Künstler,* aber das *Schöpferische* wird ihnen abgesprochen. Sie haben ihre eigene Weiblichkeit und tragen dazu noch diejenige der Männer, die alles Weibliche *unwert* finden und von sich abwerfen. *Sie sind also Weib hoch zwei. Das ist doch wohl zuviel.* Jetzt lehnen die Frauen sich auf, werden *immer lauter,* lärmen gegen *ihre verachtete Stellung.* Ihr Werk sei nicht weiblich, sagt sie, aber manche Dinge fielen eben nur Frauen ein. Das wollen manche nicht glauben. *Die Journalisten fragen mich nach den Beziehungen zu A, zu B, zu C etc. Niemand fragt mich nach meinen Beziehungen zur rohen Umbra, zur gebrannten Umbra, zum Ultramarinblau etc.* Als wäre sie nur zu sehen, wenn zwischen ihr und Künstlermännernamen in Grossbuchstaben Linien gezogen werden könnten. Von wem stammt sie ab, wer hat sie unterrichtet, mit wem hat sie sich zusammengetan, wen liebte sie? Sie will über andere Beziehungen reden. Beziehungen zu Farben, Konsistenzen, Aggregatszuständen. Wie sonst soll Kunst entstehen, da sie doch wie die Muschel, *um die Perle zu bilden, eine Art Fremdkörper braucht.* Sie lehnt sich auf, lässt alle hinter sich, die A und B und C sein könnten, und sagt: *Für mich sieht das nach einem normalen Leben aus.* Sie arbeitet, nicht in Paris, sondern in Bern, stellt aus, unter ihrem Namen. Träume haben ihr den Weg gewiesen. In einem tätschelt sie André Breton, dem Papst des Surrealistentums, die Wange. *Die Freiheit wird einem nicht gegeben, man muss sie nehmen.*

Es gibt Verbündete. *Als ich jung war, hat man mir immer gesagt: Du musst Novalis lesen oder Jean Paul oder Hölderlin etc. Kein Mensch hat je ihren Namen erwähnt.* Karoline von Günderrode, geboren 1780, gestorben 1806. Versorgt ins Damenstift, ihre Gefühle quollen über alle Mauern, auch ihr Bildungsdrang, zu kühn sei sie und zu männlich, hiess es, sie dichtete, liebte und sehnte sich nach dem Tod, wusste um das Blau und das Rot, das dunkle, schrieb über das *Hochrot,* dem ihre Liebe gleichen sollte, dem *glühend Rot.* Ist ein Name gefunden, kullert schon der nächste in die Hand – wie aufgereiht auf einer Perlenkette, von der sie aus der Geschichte in die Gegenwart fallen: Bettina Brentano, später von Arnim, geboren 1785, gestorben 1859 – sie schrieb verbotene Bücher und Briefe an den König, stritt für die Gleichheit der Frauen, der Juden, der Armen. Von 1804 bis 1806 schrieben Bettina und Karoline einander, und Meret liest mit, 1983. *Niemals hat mir jemand gesprochen von der unerhört dichterischen Qualität dieser Briefe.* Viele entdecken nun die Werke von Frauen, die entstanden sind, wo es möglich war. In Briefen halt, als die Welt nichts von Dichterinnen wissen wollte, in geknüpften Teppichen, wenn es keine Malerinnen geben durfte. Emanzipation heisst, *den eigenen Wert und den der anderen Frauen* erkennen. *Es entstehen Begeisterung und Glück, sich endlich schätzen zu dürfen.*

Sie spannt Bänder über Raum und Zeit, fährt immer fort und schafft ein Werk: Der Körper ist auch eine Landschaft oder eine Festtafel, die Vulva ein Berg, der Mensch birgt Tiere, in Brüsten entdeckt sie zwei entfernte Verwandte, der Handschuh bedeckt nicht die Hand, er zeichnet Adern auf sie, die Knöpfe sind ein Gedeck, Schuhe ein Brathuhn, ein Tisch steht auf Vogelfüssen. Ihre Kunst masst sich an, kein Etikett zu tragen, nicht abzustammen, nimmt kein Erbe an. Aber ein Band verbindet die Enkelin mit der Grossmutter Lisa Wenger, Malerin und Kinderbuchautorin, Frauenrechtlerin auch. Bei ihr hat sie ganze Kinderjahre verbracht während des Ersten Weltkriegs, in Delsberg im Jura. Die Hügel ziehen sich, fächern Grün auf, betten den Nebel ein. Die Grossmutter zeichnet eine Kindergeschichte, verbindet Menschen, Pflanzen, Tiere und die Elemente miteinander, Buben mit Birnen und Hunde mit Buben, Stöcke mit Hunden, Feuer mit Stöcken, Wasser mit Feuer, *Joggeli söll ga Birli schüttle.*

Seit diesen Jahren *hatte ich die Natur in mir,* sagt sie. Ihre Sinne sind geschärft, sie hört und sieht, spürt. *Noch vor dem ersten Schnee,* wie sie es im Herbst vorausgesehen und viel früher schon geträumt hat, stirbt sie im November 1985, am Tag der Vernissage für ihr Buch. Es heisst «Caroline» und enthält Gedichte und Radierungen als Hommage an Karoline von Günderrode. Gerade eben noch hat sie für Bettina Brentano *einige hohe Geister neben dem Orangenbaum* radiert, ein Jahr zuvor ist ihre Schwester gestorben, *meine engste Vertraute.* Sie selbst wird begraben im Tessin, wo die Berge Pelz aus Blättern tragen, die Wolken sich auf die Berge legen, Seen das Blau sammeln. Sie hat geglaubt, dass die Ideen da sind, dass man sie findet oder fängt, in Fallen tappen lässt. Oder dass man von ihnen überfallen wird? *Alle Gedanken, die je gedacht wurden, rollen um die Erde in der grossen Geistkugel. Die Erde zerspringt, die Geistkugel platzt, die Gedanken zerstreuen sich im Universum, wo sie auf andern Sternen weiterleben.* Aus allen Himmelsrichtungen also kommen die Einfälle, kreuz und quer verlaufen ihre Flugbahnen, jederzeit neigt sich eine zur Erde hin. In der Dämmerung, morgens zwischen Früchten und Gemüse auf dem Markt, abends im Gelächter unter Freunden, nachts, wenn der Nachtwächter umgeht und das Licht seiner Laterne eine Hand streift, ein Stück Farbe oder ein Moosblättchen.

Im Brunnen, hat sie gesagt, stecken zwei Träume, einst haben sie zwei Nächte gebracht. Im einen ragt eine Säule auf, trägt um sich geschlungen Spiralen aus Dunst, darauf sitzen – oder liegen – Götter, *aber nicht aus Marmor, sondern lebendig,* ausserdem *Knaben, Pane, Frauen.* Im andern findet sie, den San Salvatore hinaufgehend, die Freundin im Gebüsch, grün schimmern ihre Haare und ihre Wimpern. Sich selbst hört sie sagen, sie sei *das Geheimnis der Vegetation.*

Iris von Roten

Im Unrechtsmeer

Iris von Roten kam nicht zu früh. Sie kam auch nicht zu spät. Sie wurde am 2. April 1917 geboren und veröffentlichte 1958 ein Buch, von dem Nachgeborene sagen sollten, es sei zu radikal gewesen für seine Zeit, während manche Zeitgenossen eben diese Radikalität für ein Relikt aus längst vergangenen Suffragettentagen hielten. Iris von Roten selbst aber sagte: *Hier ist das Buch, das ich mit zwanzig Jahren gerne gelesen hätte, aber nicht fand.* Also schrieb sie es, in zehn Jahren Arbeit, schrieb in amerikanischen Pensionszimmern, liess Geschriebenes in Schubladen ruhen, nahm die Seiten wieder hervor, im Wallis zuerst, dann in Basel. *Wenn ich an der Arbeit sitze, ist mir, ich müsse ein Meer mit einem Teelöffelchen ausschöpfen.* Am Schluss sind es 564 Seiten. In der Druckerei rebellieren die Setzer gegen das Werk, Redaktoren sind entrüstet, Frauenorganisationen distanzieren sich, Basler Fasnachtscliquen verhöhnen die Autorin. Doch viele andere schreiben Briefe an die Autorin, sprechen Dank und Ermutigung aus.

In der Zürcher Zentralbibliothek waren die Bücher nicht zu finden gewesen, die Iris von Roten gerne gelesen hätte. Bücher, die nicht Gründe an den Haaren herbeizogen, um den Frauen Rechte zu verweigern. Solche Bücher standen überall zur Ausleihe bereit. Andere Bücher. Also ging sie nach Oxford in die WOMEN'S SERVICE LIBRARY, fand dort *feministische Literatur, die alles andere zur Seite schob,* und beschloss: *Ja, ich werde ein Buch über diese Entrechtung schreiben.*

Es gibt viel zu sagen. Schon das Inhaltsverzeichnis wird sich über Seiten erstrecken, ein monumentales Inventar, eine Landkarte der *condition féminine,* gegliedert in Kontinente:

Beruf, Liebe, Mutterschaft, Hausarbeit, politische Rechte. Titel wachsen sich zu Thesen aus, werfen Fragen auf, geben Antworten. *Frauenarbeit heisst schlecht bezahlte Arbeit.* Die Ehe? *Eine männerherrschaftliche Pauschallösung für alle Probleme der «weiblichen Natur».* Schwangerschaft ist *Entrechtung bis in die Eingeweide.* Aber: *Muss Geburt eine Katastrophe sein?* Sicher ist: *Der Fingerzeig der Natur weist auf Mutterrecht.* Sollten die Hausfrauen streiken? *Die Macht ist geringer, als die Männer denken … und grösser, als die Frauen glauben.* Und schliesslich, zum Widerstand der Schweizer Männer gegen das Frauenstimmrecht: *Der Riesensäugling will seinen Schnuller.* Eine Bibliografie führt viele Studien auf, es ist nicht nichts da. Sie bringt alles zusammen und auf einen Nenner: *Frauen im Laufgitter. Offene Worte zur Stellung der Frau.*

So handelt sie sich Bewunderung und Feindschaft ein. Mit beidem war zu rechnen, das weiss sie von Anfang an: *Auch lähmt mich die Vorstellung, dass ich mich damit in Opposition zu allem und jedem Festetablierten befinde.* Gewiss: Alle können hören, wie es knirscht im Gefüge der Moderne, seit behauptet wird, alle Menschen seien frei und gleich, aber mit dem Wort «alle» nicht alle gemeint sind. Prall gefüllt sind die Bibliotheken mit Büchern, die laut lärmen, um das Knirschen zu übertönen. Aber der Lärm ist verräterisch und die Argumente sind Ausflüchte, allesamt. Dass Gleichheit für die Frauen etwas anderes bedeute als gleiche Rechte zu haben, wird behauptet. Dass die Weiber keine Menschen von der Art der Männer seien oder doch zumindest schwachsinnig und mehr der Natur als der Kultur zugehörig, mehr Gattungswesen als Person. Dünn wie Papier sind die Argumente, aber sie füllen die Regale.

Also braucht es die, die auf den nackten König zeigen, das Familiengeheimnis ihrer Zeit ausplaudern.

Es beginnt damit, dass Frauen sich selbst das Wort geben. *Ich werde sprechen, ich,* schreibt die Französin Claire Démar

1833. Viele vor und nach ihr leiten so ihre Schriften ein: Ich, Frau. Und: Jetzt. Jede erste Seite ist auch immer ein Neuanfang in einer Debatte, die Jahrhunderte überspannt: Jetzt, wo ihr meint, das letzte Wort sei gesprochen, der letzte Grund gegeben. Oder: Jetzt, wo etwas Neues beginnt – was ist mit uns? In der Geschichte der Emanzipation wird jeder Moment zu einem Scheitelpunkt, der Vorher und Nachher teilt und sich zugleich in eine Serie aus gleichgearteten Momenten reiht.

Hier ist das Buch, das ich schreiben muss, sagt Iris von Roten, und hier die feministische Literatur, die schon zu lesen ist. Ihre Tochter tauft sie nach einer Vorfahrin: Hortensia Gugelberg von Moos, eine Heilkundige und Gelehrte aus dem 17. Jahrhundert. Und in Basel bewohnt sie ein besonderes Haus: Zu dritt hatten dort Ernst Feigenwinter, Grossvater ihres Ehemanns, Hedwig Kym, die Poetin, und Meta von Salis, die Historikerin, gelebt. Die beiden Frauen waren ein Leben lang Gefährtinnen, bevor und nachdem sie sich mit Feigenwinter verbanden. Meta von Salis forderte politische Rechte für die Frauen, aber sie setzte der Gleichheit auch Grenzen und verachtete jene, die nicht waren wie sie, christlich, gebildet, von altem Geschlecht.

Iris von Roten ergreift also das Wort wie andere, deren Werke sie in ihrem Buch aufführen wird: Mary Wollstonecraft (A Vindication of the Rights of Woman, 1792), Rosa Mayreder (Zur Kritik der Weiblichkeit, 1905), Virginia Woolf (A Room of One's Own, 1929; Three Guineas, 1938), Simone de Beauvoir (Le deuxième sexe, 1949), Alva Myrdal und Viola Klein (Women's Two Roles: Home and Work, 1956). Und sie stammt ab von Frauen mit klingenden Namen, aus Geschlechtern, die, so heisst es, etwas zu sagen haben. Vielleicht deshalb vermag sie die lähmende Opposition in Berufung zu verkehren: Je länger ich mich in das Thema hineinsteigerte, um so klarer wurde mir, dass die komplexesten *feministischen Probleme jetzt neu aufgegriffen werden mussten, und von wem, wenn nicht von mir?* Ihr künftiger Ehemann schreibt ihr aus dem Wallis nach Missouri: *Du wirst der Kopernikus und Galilei des Feminismus sein.* Ganz alleine kann eine, die schreibt, die Welt aus den Angeln heben.

Und so wird aus dem Ich, das sich anmassen muss, für andere zu sprechen, ein Ich, das allein spricht. 1945 verlässt sie die Redaktion des SCHWEIZER FRAUENBLATTS, Organ des Bundes Schweizerischer Frauenvereine. Keine ist *frauenrechtlerischer* als sie selber, so kommt es ihr vor. Die *jungen Mädchen* finden es altmodisch, die organisierten Frauen sehen das Ganze nicht. Dabei geht es doch ums Überleben: *Ich könnte darüber länger als 1000 und 1 Nacht reden.*

Doch auch wer allein spricht, braucht andere. Nicht nur ein Publikum, das zuhört, sondern auch ein Gegenüber, das Spiegel ist. *Nur Du bist ein Mensch, sonst niemand,* schreibt Peter von Roten in einem der 1288 Briefe, die seit 1943 zwischen ihm und Iris Meyer hin- und hergehen. *Ich kenne sonst keinen Menschen, dem man diesen Namen geben könnte. Alles andere sind Satelliten um uns, die in irgendeiner Funktion uns umkreisen.* Anders als alle andern sind sie, aber ihre Liebe haben sie nicht erfunden. So ist es den Liebenden versprochen in ihrer Epoche, darauf lautet das Versprechen der Liebe, die man romantisch nennt: einander stete Versicherung der eigenen Einzigartigkeit sein.

An der Universität Bern haben sie sich getroffen, er sieht in ihr sofort eine *Göttin,* sie in ihm einen *griechischen Gott.* Er – ein junger Mann aus dem Walliser Landpatriziat, der die Last des Erbes trägt und den Luxus hat, sich erfinden zu können, dem Ämter zufallen werden, die er verspotten können wird, ein Katholisch-Konservativer, der Anarchist ist. Sie – eine junge Frau aus Rapperswil, die frei sein will und überall auf *diese verdammte Herrschaft der Männer* stösst. Sie könne doch, einmal verheiratet, ein *bisschen schreiben*, statt Recht zu praktizieren, bemerkt der Examinator beim Anwaltsexamen. Und ob sie denn *wirklich genug gelernt* habe? Was ihr da gesagt wurde, hatte sie im SCHWEIZER FRAUENBLATT schon auf den Punkt gebracht: *Die Frauen dürfen nur solange Hausfrauen sein, als nicht andere ihren Verdienst brauchen, nur solange Berufsfrauen, als nicht andere ihren Beruf ausüben möchten.*

Während sich in Europa das Unheil ausbreitet, bringen Iris Meyer und Peter von Roten ihre Gedanken und ihre Gefühle in Sicherheit. Sie *hüten* voneinander Sätze *wie Kostbarkeiten*, verstricken sich in Worte, jedes im Widerstreit mit dem andern, Szenen nehmen ihren Lauf, sie reden sich in die Liebe hinein und reden die Liebe um Kopf und Kragen.

Denn für Raffinierte, wie wir es sind, ist die Verliebtheit etwas Überholtes und Veraltetes, schreibt Peter von Roten.

Iris Meyer antwortet: *Wenn wir doch nur einmal, was wir meinen, einander nur empfinden lassen könnten, ohne dass sich das Leben unserer Seele durch Begriff und Vorstellung, Wort, Sprache, Grammatik, Orthographie, Tinte, Papier, Post, SBB, Gebirge und Täler zueinander einen Weg bahnen muss.*

Sie reden sich auseinander und zueinander, bis sie einander alles sagen können, *bis in die hauchzarteste Nuance.* Sie wünscht sich zwei Kinder von ihm, zusammen schreiben sie ihr eigenes Eherecht, er konvertiert für sie zum Feminismus und sie für ihn fast zur Katholikin.

Am 29. Juli 1946 heiraten sie im Freiburgischen, wo sich, anders als im Wallis, ein Priester findet, der das Paar traut. Was soll, was kann nach so viel Worten noch geschehen? Eine Bestätigung, dass nichts vergebens gesagt worden ist. Die Beziehung selbst wird zum *Lebenswerk,* ein Kind besiegelt sie, nicht zwei. Überall liegen Prüfsteine der Freiheit und ihr entgeht keiner. *Nichts Ekligeres als Schwangerschaften und Geburten in einem Sklavendasein und nichts Schöneres in einem souveränen Dasein.* Aber womit beginnt das Sklavendasein einer Mutter? Mit dem Mutterseinmüssen? Und die Freiheit mit dem Mutterseinwollen? Sie nennt Freiheit *Souveränität* und sofort tut sich ein Zwiespalt auf: hier *körperliche mütterliche Zärtlichkeit*, dort die *Integrität ihres Körpers, seiner Bewegungsfreiheit und Unabhängigkeit.* Wie also Mutter und souverän sein? Iris von Roten teilt ihren Körper nicht länger als nötig, sie erobert ihn zurück, für sich. Wird Mutter und knüpft das Band zur Tochter nach ihrer Art, unternimmt allein lange Reisen und schickt unentwegt Karten an die Tochter. Aus Muttersprache ist ihre Mutterschaft gemacht, nicht aus Muttermilch.

Später wird sie abgleichen: Was sie wollte und was geworden ist. Sie hat ihre Freiheit ja errungen. Aber dass ihr Leben *zu mager* gewesen sei, wird sie finden. Dabei füllt sie es, reist in die Türkei, in den Iran und Irak, nach Sri Lanka und Brasilien, komponiert Feste, weist Gäste zum Tragen von Farben an oder alten Vorhängen und umgibt sich mit blühenden Blumen, als sie nicht mehr schreiben mag, nicht mehr über die Frauenrechte und auch nicht mehr über das Reisen. Stattdessen malt sie, Blüten, Blätter, Stängel. Legt eine Spur zur eigenen Mutter, die sich in nichts zu erkennen gegeben hatte als in einem Garten voller Blumen, beim Wässern konnte man sie beobachten und sich wundern, wer sie ist. Ihre Schwester, wird sie sich später vorwerfen, habe sie zu wenig geschätzt, als sie noch am Leben war.

Zu mager – dabei sagt sie einmal, es sei die *pure Lebenslust* gewesen, die sie zur Feministin gemacht habe.

Vielleicht beginnt die Unfreiheit der Frauen ihrer Zeit an einem tief verborgenen Ort. Nicht erst dort, wo ihnen Rechte vorenthalten sind, wo sie zurechtgewiesen werden, wenn sie Berufe lernen und ausüben wollen, wo sie ihre Körper mit

Kindern teilen müssen. In ihrer Epoche wird die Freiheit ans Individuum geknüpft und an eine Idee vom Individuum, das niemanden braucht und von niemandem gebraucht wird. Den Frauen ist eine Falle gestellt, wenn Freiheit so gemeint ist. Denn können sie je auf diese Weise frei sein: die Mütter, die Freundinnen, die Schwestern und Töchter? (Aber auch: die Väter, Söhne, Brüder und Freunde – können sie es?) Iris von Roten kam nicht zu früh und nicht zu spät. Sie legte Wert auf Pünktlichkeit. *Wie ein Gast wissen muss, wann es Zeit ist zu gehen, so sollte man sich auch rechtzeitig vom Tisch des Lebens erheben,* sagt sie in ihrem letzten Interview, bevor sie im September 1990 geht. Ihr Abschiedsbrief liest sich wie ein ärztliches Protokoll: Augenerkrankung, Nebenwirkungen der Medikamente, chronischer Schmerz. Ein Jahr später, 1991, wird ihr Buch neu aufgelegt. Seit genau zwanzig Jahren haben die Schweizer Staatsbürgerinnen da das Stimmrecht.

Was aber war nun eigentlich passiert, gut dreissig Jahre früher, als zuerst ihr Buch erschien und einige Monate später zwei Drittel des Männerstimmvolks die Frauen für politisch unmündig befanden? Nichts, wofür es eine Rhetorik des Unzeitgemässen braucht. Iris von Roten hat es 1959 erklärt. Rasch nach der Abstimmung gibt sie ein zweites Buch in den Druck. Es ist schmal. Titel: *Frauenstimmrechtsbrevier.* Untertitel: *Vom schweizerischen Patentmittel gegen das Frauenstimmrecht, den Mitteln gegen das Patentmittel, und wie es mit oder ohne doch noch kommt.* Zuallererst ist ein Mythos zu entlarven: Ja, es gibt *Untertanenschaft* in diesem Land, wo man meint, *die Freiheit, die Selbstbestimmung, gehöre zur Geographie des Landes, sitze wie der ewige Schnee auf den Alpen.* Dann gilt es die Dinge zurechtzurücken: Nein, nicht den Frauen fehlt die historische Reife zur vollen Staatsbürgerinnenschaft. Sie warten ja geduldig darauf, dass die Männer zur *politischen*

Reife gelangen und die nicht länger entrechten, die sie *zum Beispiel geboren, zwanzig Jahre lang aufgepäppelt* haben. Warum tun sie es nicht? In Wahrheit halten sie die Demokratie für eine alte Idee voller *Modergeruch* aus dem 19. Jahrhundert. Sind zu Verwaltern geworden, zu Gegnern der Demokratie.

Ein Trauerspiel, aber ihr verschlägt das nicht die Sprache: *Mögen die Mäuse das sinkende Schiff verlassen, – wenn eine männliche Besatzung darauf bleibt, ist es auch für eine weibliche nicht zu spät einzusteigen.*

Über dieses Buch

Für dieses Buch habe ich mich mit Frauen befasst, die mir interessant vorkamen, die mich berührt oder auch irritiert haben. Von manchen ist viel, von andern wenig bekannt. Auf manche hat mich aufmerksam gemacht, was ich über sie wusste, bei andern hat mich provoziert, was über sie gesagt worden ist. Bei vielen hat mich angezogen, was man gemeinhin Widersprüche nennt: Handeln, das nicht mit einer Idee übereinstimmt, Träume, die nicht miteinander vereinbar sind, Rechnungen, die nicht aufgehen. Einiges davon lässt sich mit Zumutungen erklären, denen diese Frauen ausgesetzt waren. Anderes aber ist Zumutung nur für uns Heutige. Scheinbare Widersprüche, hinter denen etwas anderes steckt: eine Vergangenheit, die sich der Aneignung widersetzt und Projektionen ins Leere laufen lässt. Wer sagt denn, dass alle Rechnungen auch in unserer Buchhaltung aufgehen müssen?

Alle zwölf Porträts sind Auseinandersetzungen mit historischem Stoff und damit Ergebnis einer Konfrontation: auf der einen Seite eine Autorin, auf der andern zufällig oder absichtsvoll überliefertes Material (Briefe, Krankenakten, Bücher, Verhörprotokolle, Fotografien, aufgeschriebenes Hörensagen, Telegramme, Erinnerungen). Nichts ist erfunden, aber es gibt die historische Einbildungskraft: Sie wählt aus, sortiert und komponiert, bringt das eine mit dem andern in Zusammenhang, verknüpft dieses mit jenem, hält auseinander, lässt weg. Von diesen Verfahren der historischen Einbildungskraft habe ich ausgiebig Gebrauch gemacht – etwa so, wie es der französische Philosoph Roland Barthes für seine Figur des «unbekümmerten Biografen» beschrieben hat. Vieles bleibt unerwähnt, und die Auswahl von Episoden, Umständen und Begebenheiten folgt allein meinen Interessen. Die daraus verfertigten Porträts sind deshalb keine biografischen Abhandlungen. Es sind kleine Erzählungen, die ihre Urheberschaft – die Vorlieben, Abneigungen und Liebhabereien ihrer Autorin – nicht verbergen. Zwei Behauptungen halten die zwölf Porträts zusammen. Sie geben Antwort auf die Frage: Warum diese Frauen und warum Frauen? Die erste Behauptung lautet, dass die hier porträtierten Frauen je einzeln historische Ereignisse sind. Wie singulär und individuell auch immer ihre Persönlichkeiten und Lebensläufe sein mögen, sie geben Einsicht in die Geschichte – oder besser: in Geschichten. Die Geschichte der Arbeit, die Geschichte der Kunst, die Geschichte der Demokratie, die Geschichte der Ideen und so weiter.

Die zweite Behauptung schwingt in der ersten schon mit: Frauengeschichte ist nicht einfach die Geschichte von Frauen. Sie ist vielmehr, wie es die Historikerin Gerda Lerner formuliert hat, «die ganze Geschichte». Nicht, weil sie komplett machen würde, was sonst halb wäre, denn Historikerinnen streben nicht nach Vollständigkeit. Wie sollten sie auch – morgen ändert der Blickwinkel, übermorgen taucht eine neue Frage auf, überübermorgen findet sich ein Schriftstück, das den bisherigen widerspricht. Frauengeschichte ist insofern die ganze Geschichte, als sie ein Beobachtungsposten ist, von dem aus sich mehr sehen lässt – und zwar nicht obschon, sondern weil den Frauen über Jahrhunderte hinweg der Ort des Besonderen (nicht des Allgemeinen), des Nebensächlichen (nicht des Hauptsächlichen), des Partikularen (nicht des Universalen) zugewiesen worden ist. «Ob die Weiber Menschen seyn», war eine im ausgehenden 16. Jahrhundert vermutlich scherzhaft gestellte, aber ernsthaft diskutierte Frage. Nicht grundlos: Denn nicht immer, aber seit Langem und auf stets neue Weise hat da, wo das Menschliche näher bestimmt worden ist, das Männliche das Modell abgegeben.

Rasch wird dann beides für dasselbe gehalten – unversehens verwechselt sich das Männliche mit dem Menschlichen, meint, es sei das Allgemeine und das Ganze und alle andern das Besondere und nur ein Teil. So kommt es, dass es Geschichten der Demokratie gibt und darin (manchmal) ein Kapitel über die Rechte der Frauen. Geschichten der Arbeit und darin (selten) ein Nachtrag zur Hausarbeit. Geschichten der Ideen und darin (vielleicht) eine Fussnote zur feministischen Kritik. Die «andern» sind immer diejenigen, die für nicht verallgemeinerungsfähig gehalten werden: Hier sind es die Frauen, in andern Konstellationen die Armen, Fremde oder wer dafür gehalten wird. Es steht nicht im Voraus fest, wer in die Position des Besonderen versetzt wird, nicht überall und nicht immer sind es dieselben. Aber wer sich dort befindet, kann das Missverständnis durchschauen: Das Allgemeine ist eine Verallgemeinerung, das Ganze eine Teilung – im Fall der Frauen: der Mensch ein Mann.

Darum versammelt dieses Buch Frauen. Nicht solche, die «stark» sein müssen, um ein Anrecht auf Geschichte zu haben. Hier wird keine Galerie von Heldinnen präsentiert, die den Verhältnissen trotzten und Widerstände brachen und denen das immer besser gelang. Manche taten es und es glückte ihnen, andere scheiterten, nochmals andere versuchten es gar nicht. Man kann Träume nicht miteinander vergleichen und sie mit dem Erfüllten nicht verrechnen. Das Buch ist auch keine Aufstellung von Antiheldinnen, tragischen Figuren, die mit ihrem Unglück das Mass der Verhältnisse nahmen. All das kommt vor. Aber nichts davon verbindet alle Porträtierten miteinander – nichts, ausser dass sie einzelne Frauen waren, die sich auf andere Frauen beziehen lassen, sodass die ganze Geschichte in den Blick kommt.

Noch etwas teilen die Porträts. Die Biografien aller für den Band ausgewählten Frauen spielten sich – mehrheitlich oder teilweise – in der Schweiz ab. Diese Klammer hat sich aus dem ursprünglichen Publikationskontext eines Teils der Porträts ergeben: Sechs davon sind 2019 im Magazin NZZ GESCHICHTE als Beiträge zu einer Serie über Frauen in der Schweizer Geschichte erschienen (Katharina von Zimmern, Anna Göldi, Germaine de Staël, Emilie Kempin-Spyri, Meret Oppenheim, Iris von Roten). Ich habe diese Klammer beibehalten; in ihrer Zufälligkeit schien sie mir so gut wie eine andere. Und warum auch nicht, wenn sich die Geschichte der Schweiz so für einmal mit lauter Frauen bevölkern lässt.

Literatur und Quellen

Grossmutter

BERTRAND TILLIER, *La belle noyée. Enquête sur le masque de l'Inconnu de la Seine,* Paris 2011.

SABINE TRABERT, *Der Tod im Objektiv: Post-mortem-Fotografie. Die Geschichte der Totenfotografie in Wort und Bild,* Wasungen 2015.

Katharina von Zimmern

SUSANNA BURGHARTZ, *Zeiten der Reinheit – Orte der Unzucht. Ehe und Sexualität in Basel während der Frühen Neuzeit,* Paderborn/München/Wien/Zürich 1999.

CAROLINE WALKER BYNUM, *Fragmentierung und Erlösung. Geschlecht und Körper im Glauben des Mittelalters,* Frankfurt a. M. 1996.

CHRISTINE CHRIST-VON WEDEL, *Die Äbtissin, der Söldnerführer und ihre Töchter. Katharina von Zimmern im politischen Spannungsfeld der Reformationszeit,* unter Mitarbeit von Irene Gysel, Jeanne Pestalozzi und Marlis Stähli, Zürich 2019.

HANSMARTIN DECKER-HAUFF (Hg.), *Die Chronik der Grafen von Zimmern. Handschriften 580 und 581 der Fürstlich Fürstenbergischen Hofbibliothek Donaueschingen,* hg. von Hansmartin Decker-Hauff unter Mitarbeit von Rudolf Seigel, 3 Bde., Konstanz 1964–1972.

IRENE GYSEL und BARBARA HELBLING (Hg.), *Zürichs letzte Äbtissin. Katharina von Zimmern 1478–1547,* Zürich 2000.

EDWARD P. THOMPSON, *Customs in Common. Studies in Traditional Popular Culture,* London 1991.

Julie Bondeli

ANGELICA BAUM und BRIGITTE SCHNEGG (Hg.), *Julie Bondeli. Ein Porträt in Briefen,* Bern/Göttingen 1998.

ANGELICA BAUM und BIRGIT CHRISTENSEN (Hg.), *Julie Bondeli. Briefe*, 4 Bde., Zürich 2012.

LILLI HALLER, *Die Briefe von Julie Bondeli an Johann Georg Zimmermann und Leonhard Usteri*, Frauenfeld/Leipzig 1930.

ANNA LEYRER, *Die Freundin. Beziehung und Geschlecht um 1900*, Göttingen 2021.

BRIGITTE SCHNEGG
– «Gleichgestimmte Seelen. Empfindsame Inszenierung und intellektueller Wettstreit von Männern und Frauen in der Freundschaftskultur der Aufklärung», in: *WerkstattGeschichte* (28) 2001, 23–42.
– «Geschlechterkonstellation in der Geselligkeit der Aufklärung», in: *Schweizerische Zeitschrift für Geschichte* (52) 2002, 386–398.
– «Soireen, Salons, Sozietäten. Geschlechtsspezifische Aspekte des Wandels städtischer Öffentlichkeit im Ancien Régime am Beispiel Berns», in: Anne-Lise Head-König und Albert Tanner (Hg.), *Frauen in der Stadt / Les femmes dans la ville*, Zürich 1993 (= Schweizerisches Jahrbuch für Wirtschafts- und Sozialgeschichte Bd. 11), 163–183.

Anna Göldi

Akten zum Anna Göldi-Prozess, 1782–1783 (Abschrift), in: Landesarchiv des Kanton Glarus, AE I. G.

Anna Göldin. Letzte Hexe, ein Film von Gertrud Pinkus, Mitarbeit Stephan Portmann, 1991.

Annäherungen an Anna Göldi, Jahrbuch des Historischen Vereins des Kantons Glarus (99) 2019.

GABRIELE BECKER et al., *Aus der Zeit der Verzweiflung. Zur Genese und Aktualität des Hexenbildes*, Frankfurt a. M. 1977.

GENEVIÈVE FRAISSE, *Service ou servitude. Essai sur les femmes toutes mains*, Paris 2009.

WALTER HAUSER, *Anna Göldi – Hinrichtung und Rehabilitierung*, mit einem Beitrag von Kathrin Utz Tremp, erw. Neuausgabe der 2007 erschienenen Erstausgabe, Zürich 2013.

JOACHIM HEER, «Der Kriminalprozess der Anna Göldi von Sennwald (1781–82)», in: *Jahrbuch des Historischen Vereins des Kanton Glarus* (1) 1865, 9–53.

CLAUDIA HONEGGER (Hg.), *Die Hexen der Neuzeit. Studien zur Sozialgeschichte eines kulturellen Deutungsmusters*, Frankfurt a. M. 1987.

CLAUDIA OPITZ (Hg.), *Der Hexenstreit. Frauen in der frühneuzeitlichen Hexenverfolgung*, Freiburg/Basel/Wien 1995.

Rechtsquellenstiftung des Schweizerischen Juristenvereins, *Sammlung Schweizerischer Rechtsquellen (SSRQ)*, VII. Abteilung: Die Rechtsquellen des Kantons Glarus, *www.ssrq-sds-fds.ch/online/cantons.html#GL*.

LYNDAL ROPER, *Ödipus und der Teufel. Körper und Psyche in der Frühen Neuzeit*, Frankfurt a. M. 1995.

CAROLYN STEEDMAN, *Labours Lost: Domestic Service and the Making of Modern England*, Cambridge 2009.

Pauline Buisson

JOHANN FRIEDRICH BLUMENBACH, *Digitale Werkausgabe*, *www.blumenbach-online.de/index.php*.

JAYNE BOISVERT, «Colonial Hell and Female Slave Resistance in Saint-Domingue», in: *Journal of Haitian Studies* (1/7) 2001, 61–76.

SUSAN BUCK-MORSS, *Hegel und Haiti. Für eine neue Universalgeschichte*, Berlin 2011.

THOMAS DAVID, BOUDA ETEMAD und JANICK MARINA SCHAUFELBUEHL, *Schwarze Geschäfte. Die Beteiligung von Schweizern an Sklaverei und Sklavenhandel im 18. und 19. Jahrhundert*, Zürich 2005.

HANS W. DEBRUNNER, «Africa, Europe, and America: The Modern Roots from a European Perspective», in: David McBride et al. (Hg.), *Crosscurrents: African Americans, Africa, and Germany in the Modern World*, Columbia 1998, 3–22.

FRANK W. P. DOUGHERTY, *The Correspondence of Johann Friedrich Blumenbach*, 6 Bde., Göttingen 2006–2015.

HANS FÄSSLER, *Reise in Schwarz-Weiss. Schweizer Ortstermine in Sachen Sklaverei*, Zürich 2020.

HANS JENZER, «Die Gründung der Hebammenschulen in der Schweiz im 18. Jahrhundert (mit besonderer Berücksichtigung der bernischen Verhältnisse)», in: *Gesnerus* (1–2/23) 1966, 67–77.

MÉDÉRIC LOUIS ÉLIE MOREAU DE SAINT-MÉRY, *Description topographique, physique, civile, politique et historique de la partie française de l'isle Saint-Domingue*, Paris 1797.

JOVITA DOS SANTOS PINTO, «Spuren. Eine Geschichte Schwarzer Frauen in der Schweiz», in: Shelley Berlowitz, Elisabeth Joris und Zeedah Meierhofer-Mangeli (Hg.), *Terra incognita? Der Treffpunkt Schwarzer Frauen in Zürich*, Zürich 2013, 143–185.

RITA LAURA SEGATO, *L'œdipe Noir. Des nourrices et des mères*, Paris 2014.

CHARLES VANUFEL und AIMÉ-CLÉMENT-FÉLIX CHAMPION DE VILLENEUVE (Hg.), *Code des colons de Saint-Domingue*, Paris 1826.

JEAN-ANDRÉ VENEL, *Unterricht für die Hebammen*, Bern 1781 (frz. Original: *Précis d'instruction pour les sage-femmes*, Yverdon 1778).

KAROL KOVALOVICH WEAVER
– «The King's Midwives: The 1764 Midwifery Expedition to Saint Domingue and Why it Failed», in: *Nursing History Review* (1/13) 2005, 5–21.

- «The Enslaved Healers of Eighteenth-Century Saint Domingue», in: *Bulletin of the History of Medicine* (3/76) 2002, 429–460.

Archive: Staatsarchiv des Kantons Bern; Archives de la Ville d'Yverdon-les-Bains; Archives cantonales vaudoises (ACV); Archives nationales d'outre-mer; Devonshire Collection Archives (Chatsworth House, Derbyshire).

Germaine de Staël

THOMAS DAVID, BOUDA ETEMAD und JANICK MARINA SCHAUFELBUEHL, *Schwarze Geschäfte. Die Beteiligung von Schweizern an Sklaverei und Sklavenhandel im 18. und 19. Jahrhundert*, Zürich 2005.

SOPHIE DOUDET, *Madame de Staël*, Paris 2018.

OLYMPE DE GOUGES, *Zamore et Mirza ou l'heureux naufrage*, Paris 1788.

CLAUDIA HONEGGER, *Die Ordnung der Geschlechter. Die Wissenschaften vom Menschen und das Weib*, Frankfurt a. M./ New York 1991.

CLAUDIA OPITZ-BELAKHAL, *Streit um die Frauen und andere Studien zur frühneuzeitlichen «Querelle des femmes»*, Rossdorf 2020.

GERMAINE DE STAËL, *Œuvres complètes*, Paris 1820–1821. Daraus verwendet: *Mirza ou Lettre d'un voyageur* (1786/1795), *De L'Allemagne* (1813), *Considérations sur la Révolution française* (1818), *Corinne ou l'Italie* (1807), *De la littérature considérée dans ses rapports avec les institutions sociales* (1800).

MICHEL WINOCK, *Madame de Staël*, Paris 2010.

Emma Herwegh

GORDON A. CRAIG, *Geld und Geist. Zürich im Zeitalter des Liberalismus 1830–1869*, München 1988.

MARION FREUND, «Emma Herwegh (1817–1904). Ein Leben für die Freiheit ‹als das Einzige, was des Kampfes wert ist›», in: Walter Schmidt (Hg.): *Akteure eines Umbruchs: Männer und Frauen der Revolution von 1848/49,* Bd. 3, Berlin 2010, 259–302.

EMMA HERWEGH, *Im Interesse der Wahrheit. Zur Geschichte der deutschen demokratischen Legion aus Paris, von einer Hochverräterin,* hg. nach dem unzensierten Handexemplar der Autorin und mit einem Nachwort von Horst Brandstätter, Lengwil 1998.

MARCEL HERWEGH (Hg.), *Georg Herwegh's Briefwechsel mit seiner Braut,* Stuttgart 1906.

MICHEL MERVAUD, «À propos du conflit Herzen-Herwegh: Un inédit de Proudhon», in: *Cahiers du monde russe et soviétique* (14/3) 1973, 333–348.

BARBARA RETTENMUND und JEANNETTE VOIROL, *Emma Herwegh. Die grösste und beste Heldin der Liebe,* Zürich 2000.

WERNER SCHUFFENHAUER (Hg.), *Ludwig Feuerbach. Gesammelte Werke,* Bd. 20: Briefwechsel IV (1853–1861), Berlin/Boston 2018.

URS TREMP, «‹Adieu Mademoiselle – Bonjour Madame›. Wie und unter welchen Umständen der Vormärz-Dichter Georg Herwegh am 8. März 1843 in Baden seine Braut Emma Siegmund ehelichte», in: *Badener Neujahrsblätter,* Bd. 69, 1994, 53–58.

Emilie Kempin-Spyri

MARIANNE DELFOSSE, *Emilie Kempin-Spyri (1853–1901). Das Wirken der ersten Schweizer Juristin unter besonderer Berücksichtigung ihres Einsatzes für die Rechte der Frau im schweizerischen und deutschen Privatrecht,* Zürich 1994.

VINCIANE DESPRET und ISABELLE STENGERS, *Les faiseuses d'histoire. Que font les femmes à la pensée?*, Paris 2011.

EMILIE KEMPIN-SPYRI, *Die Ehefrau im künftigen Privatrecht der Schweiz*, Zürich 1894.

Krankenakte von Emilie Kempin-Spyri, Staatsarchiv Basel-Stadt, KG 51 (2) 1–1.

JACQUES RANCIÈRE, «Who Is the Subject of the Rights of Man?», in: *The South Atlantic Quarterly* (103, 2/3) 2004, 297–310.

Catherine Colomb

CATHERINE COLOMB
- *Pile ou face*, Neuchâtel 1934. (Dt. Übersetzung: *Kopf oder Zahl*, in: Gesamtausgabe Bd. II, Bern 1997.)
- *Châteaux en enfance*, Lausanne 1945. (Dt. Übersetzung: *Das Spiel der Erinnerung*, in: Gesamtausgabe Bd. I, Bern 1996.)
- *Les Esprits de la terre*, Lausanne 1953. (Dt. Übersetzung: *Tagundnachtgleiche*, in: Gesamtausgabe Bd. I, Bern 1996.)
- *Le temps des anges*, Paris 1962. (Dt. Übersetzung: *Zeit der Engel*, in: Gesamtausgabe Bd. II, Bern 1997).

ANNE-LISE DELACRÉTAZ, *Catherine Colomb. En plein et lointain avenir*, Lausanne 2019.

SYLVIANE DUPUIS, ANNE-FRÉDÉRIQUE SCHLÄPFER und JÉRÔME DAVID (Hg.), *Catherine Colomb. Une avant-garde inaperçu*, Genf 2017.

FRIEDERIKE KRETZEN, «Und singt zwischen den sieben Bergen. Zu Catherine Colomb», in: TEXT + KRITIK. *Zeitschrift für Literatur*, Sonderband: *Literatur in der Schweiz*, hg. von Heinz Ludwig Arnold, München 1998, 178–186.

DANIEL MAGGETTI (Hg.), *Tout Catherine Colomb*, Chêne-Bourg 2019.

MIRANDA SEYMOUR, *Ottoline Morrell. Life on the Grand Scale*, London 1992.

Fernsehinterview mit Catherine Colomb, RTS Radio Télévision Suisse, 19.11.1961, www.notrehistoire.ch/entries/ EVY7pX5DBGL.

Goldy Parin-Matthèy

ANNA LEYRER, *Die Freundin. Beziehung und Geschlecht um 1900*, Göttingen 2021.

MAYA NADIG und MARIO ERDHEIM, «Frauen Leben Psychoanalyse. Gespräche mit Marie Langer-Glas und Goldy Parin-Matthèy», in: Hans-Martin Lohmann (Hg.), *Die Psychoanalyse auf der Couch*, Frankfurt a. M. 1984, 311–328.

PAUL PARIN, *Beziehungsgeflechte. Korrespondenzen von Goldy und August Matthèy, Fritz Morgenthaler und Paul Parin*, hg. von Johannes Reichmayr und Michael Reichmayr, Wien/Berlin 2019.

PAUL PARIN, FRITZ MORGENTHALER und GOLDY PARIN-MATTHÈY
- *Die Weissen denken zuviel. Psychoanalytische Untersuchungen bei den Dogon in Westafrika*, Zürich 1963.
- *Fürchte deinen Nächsten wie dich selbst. Psychoanalyse und Gesellschaft am Modell der Agni in Westafrika*, Frankfurt a. M. 1991 (2. Auflage, Erstausgabe 1971).

PAUL PARIN und GOLDY PARIN-MATTHÈY, *Subjekt im Widerspruch. Aufsätze 1978–1985*, Frankfurt a. M. 1986.

BIGNA RAMBERT, «Macht doch net so a Gschiss! Abschied von Goldy Parin-Matthèy», in: WOZ (Die Wochenzeitung), Nr. 18, 2. Mai 1997.

JOHANNES REICHMAYR, *Ethnopsychoanalyse. Geschichte, Konzepte, Anwendungen*, Giessen 2003.

UTE SONNLEITNER, «Landkarten der Territorien des Selbst. Selbstzeugnis und weibliche Identität am Beispiel der Briefe Goldy Parin-Matthèys», in: Gerald Lamprecht,

Ursula Mindler und Heidrun Zettelbauer (Hg.), *Zonen der Begrenzung. Aspekte kultureller und räumlicher Grenzen in der Moderne*, Bielefeld 2012, 129–140.

MISCHA SUTER, «Westafrika und die Zürcher ‹Geschwister-gemeinde›. Psychoanalyse und Gesellschaftskritik bei Paul Parin, Goldy Parin-Matthèy und Fritz Morgenthaler», in: Erika Hebeisen, Gisela Hürlimann und Regula Schmid (Hg.), *Reformen jenseits der Revolte. Zürich in den langen Sechzigern*, Zürich 2018 (= Neujahrsblatt der Antiquarischen Gesellschaft in Zürich Nr. 182), 107–117.

Meret Oppenheim

SIMON BAUR und CHRISTIAN FLURI (Hg.), *Meret Oppenheim. Eine Einführung*, Basel 2013.

BICE CURIGER, *Meret Oppenheim. Spuren durchstandener Freiheit*, Zürich 1982.

MERET OPPENHEIM
- *Brunnengeschichten. Fountain Stories,* hg. von Martin A. Bühler und Simon Baur, Ostfildern 2010.
- *Träume. Aufzeichnungen 1928–1985*, Berlin 2010.
- *Gedankenspiegel. Mirrors of the Mind,* hg. von Thomas Levy, Bielefeld/Berlin 2013.
- *Husch, husch, der schönste Vokal entleert sich. Gedichte,* hg. von Christiane Meyer-Thoss, Berlin 2015.

MARCEL PROUST, *À la recherche du temps perdu*, Bd. 5, Paris 1923.

Iris von Roten

YVONNE-DENISE KÖCHLI, *Eine Frau kommt zu früh. Das Leben der Iris von Roten, Autorin von «Frauen im Laufgitter»*, Zürich 1992.

WILFRIED MEICHTRY, *Verliebte Feinde. Iris und Peter von Roten*, Zürich 2007.

IRIS VON ROTEN

- *Frauen im Laufgitter. Offene Worte zur Stellung der Frau,* mit einem Nachwort von Elisabeth Joris, Nachdruck der Erstausgabe von 1958, Zürich/Dortmund 1991.
- *Frauenstimmrechtsbrevier. Vom schweizerischen Patentmittel gegen das Frauenstimmrecht, den Mitteln gegen das Patentmittel, und wie es mit oder ohne doch noch kommt,* Basel 1959.

Nach den beiden Bestsellern *Wie Frau sein* und *Wie Mutter sein* seziert Michèle Roten, ehemalige MAGAZIN-Kolumnistin und Vorbild vieler Schweizer Neofeministinnen, radikal und schonungslos ehrlich ihren eigenen Körper. Sie vermisst sich von den Zehennägeln bis zu den Haarspitzen. Eine hypersubjektive Auto-Autopsie, die letztlich erstaunlich exemplarisch für die allgemeine weibliche Körpergeschichte ist.

«So lustig wie lakonisch.» SÜDDEUTSCHE ZEITUNG
«Als Frau wird man sich in vielen Details wiedererkennen, fast scheint es sich so zu verhalten: je persönlicher, desto allgemeingültiger. So gesehen ein politisches Buch.» Johanna Adorján

Michèle Roten

Wie mit (m)einem Körper leben

Eine Auto-Autopsie
Klappenbroschur, 160 Seiten, 29 Franken, 26 Euro.

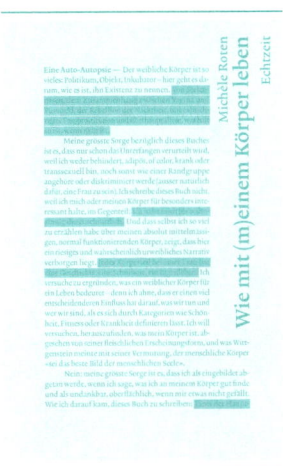

Marianne Kaltenbach wurde berühmt, weil sie das Kochen sowohl als Kunst wie auch als Handwerk verstand. Ihre Rezeptsammlungen sind inzwischen unverzichtbare Standardwerke. Die von Leandra Graf und Christian Seiler verfassten Texte zu Werk und Person der Kaltenbach erzählen eine kleine Kulturgeschichte der Schweiz und spiegeln die Biografie der Grande Dame der Schweizer Küche in zahlreichen Anekdoten und Berichten ihrer Wegbegleiterinnen und -begleiter. Mit bisher unveröffentlichten Dokumenten und zahlreichen Bildern.

«‹Die Kaltenbach›. So lautet der Titel. Kurz und sec. Mehr braucht er auch nicht zu sagen, denn Marianne Kaltenbach ist eine Legende und fast ein bisschen so etwas wie ein Nationalheiligtum.» NZZ AM SONNTAG

Leandra Graf, Christian Seiler

Die Kaltenbach

Gebunden, 144 Seiten, bebildert, 32 Franken, 28 Euro.

Es gibt keine anderen Beweise, nur das nackte Geständnis: Die berüchtigte Zürcher Parkhausmörderin Caroline H. bekennt, zwei Frauen ermordet und es bei einer dritten versucht zu haben. Doch was, wenn sie keine Mörderin ist? Die akribische Recherche von Carlos Hanimann, Gewinner des Schweizer Reporterpreises 2020, zeigt, dass viele Fragen offen sind. Eine brisante Spurensuche zu einem der aussergewöhnlichsten Kriminalfälle der Schweiz.

«Fasziniert habe ich mich in diesen schmalen Band vertieft.» Andreas Ammer (Juror der Krimibestenliste des DEUTSCHLANDFUNKS)

Carlos Hanimann

Caroline H.

Die gefährlichste Frau der Schweiz?
Klappenbroschur, 88 Seiten, 27 Franken, 24 Euro.

Zur Autorin: Caroline Arni ist Professorin für Allgemeine Geschichte des 19. und 20. Jahrhunderts an der Universität Basel. Sie forscht und lehrt in Sozial- und Kulturgeschichte, Frauen- und Geschlechtergeschichte, Wissenschaftsgeschichte und Schweizer Geschichte. Ihre Publikationen wurden mehrfach ausgezeichnet.

Dank an: Ina Boesch, Joana Maria Burkart, Thomas David, Hans Fässler, Mirjam Fischer, Urs Hafner, Dagmar Herzog, Wendelin Hess, Sabrina Hofer, Claudia Honegger, Friederike Kretzen, Rachel Mader, Claudia Opitz-Belakhal, Judit Pechr, Bigna Rambert, Markus Schneider, Karoline Schreiber, Simon Teuscher, Peer Teuwsen, Stefan Wehrli und Jesse Wyss haben auf viele verschiedene Weisen zur Entstehung dieses Buches beigetragen. Catherine Guanzini (Archives de la Ville d'Yverdon-les-Bains), Acacio Calisto (Archives cantonales vaudoises), Nicole Staremberg (Musée national suisse Château de Prangins) und Fran Baker (Chatsworth House) waren mir bei den Recherchen zu Pauline Buisson behilflich.

ISBN 978-3-906807-23-2

Autorin: Caroline Arni
Zeichnungen: Karoline Schreiber
Lektorat: Markus Schneider
Korrektorat: Manuela Seiler-Widmer
Gestaltung: Müller+Hess, Basel
Druck: CPI – Ebner & Spiegel, Ulm

www.echtzeit.ch